귀농,
참 좋다

귀농, 참 좋다

초판 1쇄 발행 2015년 11월 15일
   2쇄 발행 2017년 6월 15일

지은이 장병윤
펴낸이 강수걸
편집장 권경옥
편집 정선재 윤은미
디자인 권문경
펴낸곳 산지니
등록 2005년 2월 7일 제333-3370000251002005000001호
주소 부산시 해운대구 수영강변대로 140 BCC 613호
전화 051-504-7070 | 팩스 051-507-7543
홈페이지 www.sanzinibook.com
전자우편 sanzini@sanzinibook.com
블로그 http://sanzinibook.tistory.com

ISBN 978-89-6545-322-2 03330

* 책값은 뒤표지에 있습니다.
* 이 도서의 국립중앙도서관 출판예정도서목록(CIP)은 서지정보유통지원시스템
홈페이지(http://seoji.nl.go.kr)와 국가자료공동목록시스템(http://www.nl.go.kr/
kolisnet)에서 이용하실 수 있습니다.(CIP제어번호: CIP2015028084)

행복을 찾아가는 15인의 귀농열전

귀농,
참 좋다

장병윤 지음

산지니

책을 펴내며

작은 열망들이 모여
큰강을 이루리라

1

　최근 몇 년 새 농촌으로 들어가는 이들이 크게 늘어나고 있다. 정부통계에 따르면 2014년 귀농인구는 4만4586가구 8만855명이나 되는 것으로 나타났다. 이는 그 전해의 3만2424가구(6만1991명)보다 37.8%나 늘어났고, 2010년에 비하면 무려 10배 이상으로 폭증한 수치다. 또 다른 조사에서는 베이비부머 세대의 65%가, 대도시 거주자 절반 이상이 귀농을 희망하는 것으로 드러났다. '귀농 러시', '귀농 전성시대'라고 불릴 만하다.

　귀농 러시는 1960, 70년대 산업화 과정에서 먹고살기 위해 도시로 향했던 '이농 행렬'만큼이나 의미 있는 사회현상이다. 특히 700만 명에 달하는 베이비부머의 본격적 은퇴와 맞물려 귀농은 우리 사회에 커다란 변화를 부르고 있다. 도시의 소모적 삶에서 벗어나 생태적 삶을 꾸리려는 이들, 자연과 더불어 쾌적한 노후를 보내려는 이들, 생업의 가능성을 농업에서 찾고자 하는 이들 등 다양한 형태의 귀농 행렬이 이어지고 있다. 이제 귀농은 개인적 삶의 변화를 넘어선 차원으로 거스를 수 없는 사회적 흐름이 됐다.

이러한 귀농 현상은 석유를 기반으로 한 인류의 생존 방식이 위기에 맞닥뜨린 지점에서 일어나고 있다는 점에서 문명사적 의미를 지닌다. 생명보다 돈을 우선하는 시장만능에 파편화된 개인과 무너진 공동체, 자원고갈의 위기 속에서도 멈출 줄 모르는 인간의 욕망, 일자리가 줄어들 수밖에 없는 첨단정보화 시대의 구조적 한계⋯ 현대문명의 막다른 골목에서 물질문명이 불러온 고질을 치유할 대안으로 '새로운' 농촌과 농업이 주목을 받고 있다.

하지만 우리 사회나 정부는 새로운 농촌의 열쇠가 될 귀농의 사회적 의미를 제대로 짚어내지 못하고 있다. 위정자들은 귀농 현상이 우리가 처한 위기를 건널 수 있는 절호의 기회임을 간파하지 못한다. 오히려 정치는 거대자본의 손발이 돼 농촌마저 자본의 확대재생산을 위한 '돈 공장'으로 편입시키려는 데 급급하다. 이는 거대한 소비시스템의 농촌 이식을 부추기며 대안으로서 귀농의 가능성을 망가뜨릴 뿐이다.

'효율성'이란 미명 아래 국가가 앞장서 농촌공동체마저 약육강식의 시장으로 내몰고 있다. 이명박 정권 이후 '농업의 규모화'는 농촌사회를 공동화시키고 농민의 삶을 결딴냈다. 농가소득은 해가 갈수록 줄어 도시근로자 가구소득의 절반도 안 되고, 농가 네 가구 중 한 가구는 최저생계비에도 미치지 못하는 절대빈곤층으로 떨어졌다. 박근혜 정부 역시 '창조농업'이니 '6차산업'이니 하며 온갖 미사여구를 갖다 붙이지만 결국은 농업을 개방의 제물로 전락시키고 있다. 지금도 한중 FTA 비준을 강행하며 농민들의 절박한 생존요구를 걷어찬다.

'농자천하지대본'. 세상의 근본을 다시 일으켜 세워야 한다. 농업은 인류에게 가장 오랜 산업으로 인간 삶의 근원적 힘을 제공해왔다. 다양한 생명종의 텃밭 역할을 해왔고 기후를 조절하는 등 환경과 생태적 기능도 적잖았다. 농촌공동체는 오랜 역사 속에서 인류공동의 삶과 문화를 키워오며 인간에게 정신적 고향이자 근원으로서 든든한 배경이 됐다.

이제 우리의 농업정책도 물질문명이 초래한 위기를 넘는 대안으로서의 농업과 농촌에 주목할 필요가 있다. 농업을 단지 '쌀공장' 정도로 인식하는 천박한 관점에서 벗어나 인류의 지속가능한 삶과 문화를 창출하는 계기로 받아들이는 인식의 변화가 절실하다. 이를 위해서 먼저 농업과 농촌공동체의 붕괴를 가속화시키는 자본의 논리부터 걷어내야 한다.

'세상의 근본'을 일으켜 세울 귀농에 대한 정책 역시 물량 위주, 일자리 중심에서 벗어나는 게 우선이다. 귀농은 단순히 직업을 바꾸는 일이 아니라 삶을 근본적으로 변화시키는 일이다. 귀농을 위한 교육훈련이나 자금의 지원, 인턴십 등의 지원정책에 앞서 생태적 삶의 추구, 공동체적 가치의 복원에 초점을 맞춰야 마땅하다. 그럴 때 비로소 고령화된 농촌의 농업을 잇는 계승자로서, 무너진 농촌공동체를 복원하는 건설자로서, 농촌과 도시를 연결하는 전령사로서의 역할을 할 수 있다.

민간 차원에서 귀농운동이 활발하게 펼쳐지기를 기대해본다. 함량 미달의 정책을 수수방관하지 말고 귀농에 대한 국가적 지원 시스템의 구축을 강력하게 요구해야 한다. 귀농학교를 비롯한 귀농운동 주체들의 역할이 절실하다. 단위운동들과 연계해 귀농에 대한 시민사회의 관심을 높여야 할 것이다.

민간 차원의 귀농지원 시스템을 구축할 필요가 있다. 지역별로 귀농자 모임을 규합해 새로이 농촌으로 들어오려는 이들을 지원할 수 있는 체계를 마련하는 게 시급하다. 예비 귀농자들에게 농사를 배울 기회와 귀농지 관련 정보를 제공하는 '귀농 플랫폼'을 만들고, 취지에 동의하는 농장들을 묶어내는 작업이 뒤따라야 한다. 무엇보다 귀농 행렬을 '유기소농'의 길로 이끄는 게 중요하다. 그것이야말로 대량생산-대량소비-대량폐기로 이어지는 물질만능의 질곡으로부터 벗어나 인간의 자존과 생명의 가치를 되찾는 길이다.

2

이번 작업은 오랜 직업의식에서 비롯됐다. 지난해 봄 30년 가까운 기자생활을 마감하고 귀농지를 탐색하는 과정에서 여러 귀농자들을 만나 조언을 들었다. 다양한 이력과 경험을 들으면서 그들의 삶을 묶어내는 것도 의미 있는 일이란 생각이 불현듯 들었다. 마침 언론재단의 저술지원 기회를 얻어서 작업에 나서게 됐다.

먼저 '귀농'의 범주를 넓게 잡았다. 일반적으로 귀농을 농사를 생업으로 하는 경우로 한정하며 '귀촌'과 구분하는 경향이 있다. 하지만 농촌은 농사만으로 이뤄지는 공동체가 아니다. 농사짓는 이, 집을 짓는 이, 아이들을 가르치는 이, 주민의 건강을 돌보고 치료하는 이, 조합 일에 종사하는 이 등 다양한 구성원들로 이뤄진다. 따라서 농촌공동체에 기여하는 여러 유형의 귀농 사례를 모았다.

그리고 생태적 귀농으로 대상을 좁혔다. 이른바 억대 연봉을 버는 기업형 귀농이나 생명의 가치에 반하는 귀농은 제외했다. 평범한 우리 이웃의 귀농, 비록 그들이 이룬 물질적 성과는 미약하지만 추구하는 귀한 가치에 초점을 맞췄다.

초여름부터 시작한 취재가 추석 직전에서야 가까스로 끝났다. 바쁜 농사 일정에도 불구하고 기꺼이 시간을 내준 열다섯 농가를 만나는 과정에서 진한 동지애를 느꼈다. 그들의 성실한 삶에서 우리 농촌과 농업의 희망을 발견했다. 그들이 밝힌 진솔한 삶의 자취는 귀농을 꿈꾸는 이들에게 소중한 이정표가 될 게 틀림없다.

아쉬운 대목도 없지 않았다. 한정된 지면과 부족한 필력으로 그들의 삶을 온전하게 담아내지 못했다는 자괴감이 크다. 또 애초에 최소 일주일 정도는 함께 일하고 밥 먹고 대화하는 등 일상을 공유하면서 취재하려 했던 계획이 실현되지 못한 점도 못내 아쉽다.

귀농 현장을 찾으면서 여전히 우리 농촌이 '수탈의 땅'임을 확인할 수 있었다. 시대에 따라 형태만 바뀌었지, 농촌이 가진 자들의 배를 불리기 위한 수단으로 동원돼왔다는 점은 변함이 없었다. "자동차 휴대폰 팔아먹으려고 생명줄인 농업을 홀대합니다. 식량주권은 안중에도 없이 정부가 앞장서 농산물을 무차별적으로 개방하며 자급률을 낮춥니다. 이게 나라 망치는 일이 아니고 무엇입니까." 귀농자의 절규가 가슴에 묵직한 돌덩이를 남겼다.

욕망과 소비를 줄이며 자연과 더불어 행복을 누리는 그들의 삶 또한 인상적이었다. 적은 소득으로도 여유롭게 삶을 이어가는 소박한 일상은 많은 가능성을 시사했다. 이는 물량 위주의 무분별한 귀농 정책으로 농촌을 도시의 소비 틀로 편입시켜서는 안 된다는 점을 경계한 것이기도 했다.

단지 먼저 귀농했다는 것만으로 새로이 농촌으로 들어오려는 이들에게 보탬이 되고자 애쓰는 모습에서 인간애를 엿봤다. 귀농 행렬을 방치하고 외면하는 정부를 대신한 민간 차원의 움직임은 우리 사회가 이만큼이라도 굴러가는 게 민초들의 힘이란 것을 새삼 일깨웠다. 오늘 우리의 괄목할 만한 성취가 결코 특정 지도자의 역할이 아니라 허리띠 졸라매고 땀 흘린 농민들의 희생에서 비롯됐음도 확인할 수 있었다.

이제 생태적 삶과 유기소농의 길로 들어선 작은 열망들은 어깨를 겯고 귀농의 큰 강을 이루며 앞으로 나아갈 것이다. 거스를 수 없는 힘찬 물결은 빈사지경의 농촌에 회생의 숨길을 불어넣고 전복된 세상의 가치를 바로 세우며 도도히 흘러갈 것으로 믿는다.

귀농의 길에 나선 필자에게 따뜻한 충고와 격려를 아끼지 않은 귀농 선배들의 배려에 거듭 감사드린다. 취재 대상을 선정하는 데 도움을 준 부산귀농학교 정정효 사무국장, 흔쾌히 출판을 맡아준 산지니 관계자들과 양아름 편집자에게도 고마움을 전한다. 무더운 날씨에도 번갈아가며 취재에 동행해 차를 몰고 카메라를 들어준 가족들이 있어 행복했다.

2015년 눈부시게 맑고 푸른 시월의 하늘 아래서
장병윤

차례

2부 함께 되살리는 농촌공동체

1부

자연에 기댄
생명의 농사

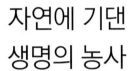

농사가 되살린 생명,
농사로부터 얻은 위안

경주 안강 정성락

경주 시내에서 영천 방향으로 가는 국도를 달리면 너른 안강 뜰이 펼쳐진다. 한 십여 분 지났을까 오른편으로 '독락당'이란 이 정표가 나온다. 회재 이언적. 조선의 걸출한 선비를 낸 고장이다. 독락당을 지나 다시 십 분쯤 더 달리면 길가에 석물공장이 자리 잡고 있고 '성산서당길'이란 푯말이 나온다.

산야는 짙은 녹음으로 아우성치는데 들판은 숨을 죽인 채 유월의 따가운 햇살을 받고 있었다. 차가 국도에서 오른쪽으로 틀어 성산서당길로 들어서자 논과 밭, 산의 모습이 한결 가깝게 다가온다. 논에는 바닥에 뿌리를 박기 시작한 모들이 목을 꼿꼿이 들고 우주의 기운을 힘껏 빨아들인다. 밭에는 옥수수가 어린이 허리께나 차올랐다.

안강읍 하곡리(霞谷里). 구름이 잦은 골짜긴가. 동네어구 쌈지 공원엔 마을의 유래를 소개하는 입간판이 서 있다. 고려 적부터 사람들이 모여 살아온 유서 깊은 동네다. 수백 년이나 되는 아름 드리 은행나무 두 그루의 그늘이 넉넉하다. 필시 농부들이 일하다 잠시 허리를 펴고 땀을 식혔으리라.

차가 골짜기로 빨려들어 가듯이 진입하자 전원주택들이 드문 드문 창을 스친다. 잠시 뒤 마을 끝자락에 울창한 숲이 성채처럼

우뚝 서 있다. 숲 속에 성산서당이 자리 잡고 있었다. 서당 바로
옆 아담한 한옥 한 채. 오늘의 목적지다. 활짝 열린 대문으로 들
어서니 정성락 씨가 수줍은 미소로 반긴다.

밥 귀한 줄 모르는 세상
눈앞 위기 몰라

이 책을 쓰려고 마음먹으면서 가장 먼
저 떠올렸던 이가 정 씨다. 부산한살림 생산농가 일손돕기 프로
그램에 참가하면서 두어 차례 만났다. 그때 엿본 그의 삶의 모습
과 드라마틱한 이력이 뇌리에 강하게 남았던 모양이다. 바쁜 농
사일로 몇 차례 일정이 미뤄지다 겨우 인터뷰가 성사됐다. 어쩌
면 세상에 자신을 드러내는 일이 내키지 않았던 건 아닐까 하는
어림짐작도 해본다.

정 씨는 쌀 농사꾼답게 '밥'으로 이야기를 풀었다. "지금 세상
은 밥이 귀한 줄 몰라요"라며 운을 뗀 그는 "음식이 바로 생명이
라는 생각이 필요합니다. 그런데 우리는 성장의 와중에 음식을
천대했고, 그 결과 식량자급률이 25%밖에 되지 않아요. 그나마
겨우 버텨내던 쌀 자급률도 80%대로 떨어졌습니다. 장차 심각
한 식량위기가 닥쳐올 게 불 보듯 번한데 누구 하나 관심이 없어
요"라고 깊은 탄식을 내뱉었다.

그렇다. 현대인들은 마치 밥을 자동차의 기름 정도로 생각하
고 있다. 쌀을 공산품처럼 생산하고 육신을 움직이는 연료처럼
먹고 있는 것이다. 우주의 기운이 온전하게 스며든 생명의 원천

인 밥은 어디로 갔는가. 그 밥은 우리의 몸을 만들고, 몸은 우리
의 생각과 사상을 담는다. 그래서 밥을 하늘처럼 떠받들어 경외
해오지 않았던가.

그는 한때 쌀의 종주국 필리핀이 어떻게 쌀 수입국으로 전락
하고 무법천지의 식량파동을 겪지 않으면 안 됐는지를 반면교사
로 삼아야 한다고 강조했다. 지금처럼 쌀을 홀대하면 우리도 그
렇게 되지 말란 법이 없다는 것이다. 우리 사회에 쌀을 귀하게 여
기는 풍조가 일어날 때 비로소 식량안보가 가능하다고 거듭 강
조했다. 쌀과 밥은 절박한 나락으로 내몰린 그에게 손을 뻗어 새
로운 삶의 의지이자 희망이 되기도 했다.

그에게 귀농은 거센 풍랑에 표류하던 배, 막다른 곳으로 내
몰리던 삶이 어렵사리 닻을 내린 것과 같았다. 그 역시 동시
대의 세대들처럼 고도성장 시대에 농촌에서 도시로 나가 풍

요를 추구하던 삶을 살았다. 열심히 직장생활을 했고 성실을 밑천 삼아 작은 사업체를 꾸렸다. 부지런히 일하면 결코 이룰 수 없는 게 없을 것이란 자신감도 생겼다. 직원 몇 명을 거느리고 열심히 뛰었다. 그러나 소박하고 작은 성공은 오래가지 못했다.

건강에 발목이 잡혔다. 언젠가부터 몸이 무기력해지더니 급속하게 이상신호를 보내왔다. 갑상선암에 부정맥, 협심증 등 심장병과 온갖 병마가 둑을 무너뜨린 봇물처럼 한꺼번에 덮쳐왔다. 병원에 들락날락거리기 시작했고 몸이 허물지면서 하루하루 열심히 뛰면서 구축했던 거래선이 흔들렸다. 끝내 공장 문을 닫을 수밖에 없었다.

그때가 1997년 6월. IMF가 터지기 반년 전이다. 공장이 문을 닫자 채권자들이 몰려왔다. 돈 받을 것은 제대로 못 받고 줄 것은 한 푼 어김없이 줘야 했다. 순식간에 빈털터리가 됐다. 사업체의 도산과 함께 집도 넘어갔다. 생활비가 바닥이 나고 거리로 나앉을 판이 됐다. 몸은 아픈데 보험료가 연체돼 의료보험마저 중지됐다.

마지막 하직인사
하려고 찾은 고향

몸의 상태가 극도로 악화됐다. 모든 것을 포기하고 마지막으로 어머니께 하직인사를 하겠다고 고향인 경주 안강으로 내려갔다. 하지만 가족들, 부인과 어린 세 자녀를 두고 삶을 포기할 수는 없었다. 어머니가 평생 꼬깃꼬깃 모았을 200만 원을 그에게 줬다. 그 돈으로 의료보험을 살리고 경북대 병원으로 갔다. 들어갈 땐 스스로 들어갔는데 그의 지치고 허물 어진 육신은 며칠간 일어나지 못했다.

"집이 풍비박산이 났지요. 집사람은 나를 간병하느라 정신이 없었고요. 첫째와 둘째는 외가에 맡기고 젖먹이 막내는 고모에게 보냈습니다. 가족이 세 곳으로 뿔뿔이 헤어진 것이지요. 어머니 가 마련해준 돈마저 떨어져 성치 않는 몸으로 퇴원할 수밖에 없 었습니다."

더는 도시에서 버텨낼 재간이 없었다. 당장 끼니 걱정이 앞섰 다. 정 씨는 몸이 성치 않았고 부인이 품을 팔러 다녔으나 살아 가기가 너무 힘겨웠다. 모든 걸 정리하고 다섯 식구가 갈 수 있 는 곳은 고향뿐이었다. 고향을 지키며 살고 있는 큰형님에게 고 향에서 살 수 있도록 도와달라고 요청을 했다. 하지만 형은 거절 했다. 도시로 돈 벌러 나간 인사가 돈은 고사하고 몸을 망친 채 내려오면 어쩌자는 것이냐고 했다. 결국 1997년을 패잔병처럼 절망한 채 대구에서 보내야 했다.

이듬해 2월, 설을 맞아 고향으로 내려갔다. 다시 형에게 간청 했다. 동생을 살리려거든 고향으로 돌아올 수 있게 도와달라고 애원했다. 겨우 허락이 떨어졌다. 형이 구해준 빈집에 뿔뿔이 헤 어졌던 다섯 식구가 다시 모였다. 그렇게 해서 1998년 봄부터 고 향에서 새로운 생활이 시작됐다. 여전히 몸은 병고에서 헤어나지 못했다. 형이 여러 모로 도와줬지만 끼니 걱정이 끊이지 않는 나

날이었다.

라면으로 때우는 일이 다반사였다. 몸이 허약해 10kg짜리 포대도 못 들었다. 보는 사람마다 저 인간, 사람 안 된다고 혀를 끌끌 찼다. 사람 만나는 게 귀찮아지고 대인기피증도 왔지만 끼니를 잇기 위해 남의 집에서 한 달 보름을 일했다. 하지만 무슨 자존심인지 집에 쌀이 떨어졌는데도 품삯을 달라는 소리가 입에서 나오지 않았다. 큰아이가 "아빠 우린 왜 라면만 먹어"라고 물어올 땐 가슴이 미어졌다.

"그때를 생각하면 꿈만 같아요. 지금은 갑부지요. 마음도 부자가 됐고 몸도 장군이 됐어요. 이제 크게 바랄 것도 없어 지금처럼 사는 게 행복이 아닌가 생각합니다. 행복은 스스로 찾는 거지 남이 가져다줄 수 없어요. 스스로의 생각이 중요합니다."

방에 쌀가마 쌓아놓으니
최부자 부럽잖아

더 이상 갈 곳이 없으니 죽자 살자 일했는지도 모른다. 고향에 내려와 두 번째 맞이하는 해, 1999년부터 농사를 본격적으로 시작했다. 처음에는 형이 얻어준 논 3300평에 벼농사를 지었다. 그의 표현대로 생명의 기운이 가득한 자연 속에서 몸을 굴리니 병세도 호전됐다. 그의 귀향을 반대하던 형님도 틈이 나면 거들어줬다. 조금씩 얼굴을 익힌 이웃으로부터 농기계도 빌려 농사를 지었다.

"도시에 살면서 보는 것은 90%가 죽은 것입니다. 시골에 살면 살아 있는 것, 태어나고 죽은 것을 다 들여다볼 수 있죠. 첫 추수를 해서 방에 쌀가마니를 쌓아놓으니 그렇게 좋을 수 없었습니다. 경주 교동의 최 부자가 하나도 부럽지 않더라고요. 너무 행복해서 잠이 오지 않을 정도였습니다."

그는 첫 농사를 통해 쌀이 자신의 생명을 이어주는 소중한 존재라는 것을 절실하게 깨달았다고 한다. "도시 생활하면서 일에 매달릴 때 밥은 그저 먹는 줄 알았습니다. 이렇게 제 스스로 자연에서 생산해 내놓으니 이렇게 소중하고 귀한 존재를 왜 여태 몰랐을까 하고 가슴을 치지 않을 수 없었습니다. 그동안 쌀과 밥을 괄시한 게 그렇게 후회스럽더라고요"라고 말하는 그의 목소리가 젖어 있었다.

2001년 들어 그의 농사는 큰 변화를 만난다. 태평농을 하는 이영문 씨를 알게 된 것이다. 또 당시 정신세계사에서 출간된 후쿠오카 마나노부의 『생명의 농업』을 만난 것도 충격이었다. 생명의 농사! 그에게 정수리를 후려치는 화두로 다가왔고, 그것은 그의 삶을 송두리째 바꿔놓았다. 그 농사법은 어린 시절 어른들이 해왔던 농사법과 크게 다르지 않았다. 농산물 부산물을 마구간에 넣고 거름이 되면 다시 밭으로 내 땅을 기름지게 하던 순환농법이 아니던가. 농약과 비료를 사용하지 않고 땅을 갈지 않는 농법, 작물의 부산물을 그대로 밭으로 돌리는 유기물 피복에 무경운 농법이 바로 태평농이다.

"이렇게 농사를 지으면서 벌레에게도 주고 이웃과도 나누고 싶은 마음이 생겼습니다. 도시 직장생활이나 업체를 경영할 때는 오로지 돈만 좇고 그것이 다인 줄 알았는데…."

태평농과
부산한살림과의 인연

태평농을 하면서 부산한살림과 연결됐
다. 당시 부산한살림은 생명존중과 자조자립이라는 설립정신이
날로 희미해져가는 현실을 고민하면서 초심을 되찾기 위한 일
환으로 '대안문명의 선지자를 찾아서'란 프로그램을 기획했다.
2004년 말부터 2년간 진행된 이 프로그램은 생명을 받들며 농사
짓는 이들 일곱을 찾았는데, 그중 한 명이 정 씨였다.

그때 부산한살림 이사장은 신종권 씨였는데 그도 밀양에서 태
평농법을 하고 있었다. 2005년 신 이사장을 비롯해 실무자들이
안강에 있는 정 씨 농장을 찾아왔다. 정 씨는 간식거리로 고구마
찐 것을 내놨는데, 그걸 보고 납품을 부탁해왔다. 그래서 고구마
를 부산한살림에 납품하기 시작했다. 이듬해엔 옥수수를 추가하
고 고추와 오디도 납품했다. 차츰 품목이 늘고 신뢰가 쌓이면서
유색미 납품을 요청받았다.

정 씨는 2만 평에 가까운 농사를 짓는다. 논농사 1만8000평,
밭농사가 1500평 남짓 된다. 부부가 전적으로 짓는다. 모내기나
추수 때는 가까이 사는 동생이나 도시에 나가 있는 자식들이 도
와주기도 한다. 부산한살림 꽃보다이모팀도 일 년에 한두 번씩
와서 일손을 돕는다.

논농사는 유색미 중심으로 녹미, 적미, 흑미와 찹쌀, 가바쌀을

재배한다. 전량 부산한살림에 내는데 일 년에 2000kg쯤 된다. 이는 전체 논농사의 70%에 해당하는데 소출이 적은 태평농법 대신 우렁이농법으로 짓는다. 당연히 농약과 비료는 치지 않는다. 나머지 30%는 일반미로 정부의 공공비축미에 매상하고 남는 것은 지역농협 도정공장에 내놓는다.

밭농사는 부산한살림에 납품하는 고구마와 옥수수를 비롯해서 고추, 팥, 들깨, 참깨, 배추 등 자급거리를 짓는다.

정 씨는 잘 자라주는 농작물이 너무 고맙다. 심어놓기만 하면 저들 스스로 알아서 큰다. 우주와 자연과의 교감을 통해서 생명이 자라는 현장을 대할 때마다 신비하기만 하다. 절망적 상황에 내몰려 몸과 마음이 피폐해진 채 고향에 내려와 농사를 지으면서 치유받은 과정이 꿈만 같다. 이 모든 게 자연이 준 선물이라고 생각한다. 잿빛의 도시에서 상처받고 망가진 절망적 영혼과 육신을 온전하게 되살려낸 것은 이 땅의 자연이었고, 마지막으로 매달렸던 농사였음에 틀림이 없다.

정 씨는 농사도 괜찮은 직업이라 생각한다. 1년에 농사짓는 기간이 4월부터 11월까지 여덟 달쯤 된다. 실제로 농사에 투자하는 시간을 날짜로 계산하면 3개월 정도밖에 안 된다. 그리고 3000평을 하든 5만 평을 짓든 대부분 기계로 농사를 지으니 들어가는 공력은 큰 차이가 없다고 본다. 만 평 이상 지으면 농사로 부가가치가 괜찮다고 강조한다. 그런 점에서 귀농도 생각해볼 만한 것이라고 덧붙인다. 문제는 귀농을 어떤 자세로 하는가에 달려 있다는 것이다.

"먼저 즐기려는 자세가 중요합니다. 농부가 되는 순간부터 예상치도 않았던 풍요로움이 찾아오죠. 돈은 못 벌지만 자연과 생명, 얻는 것도 많습니다. 처음부터 얼마나 소출을 내서 돈을 벌어야지 하는 생각을 하면 적응하기 어려워요. 중요한 것은 도시에 절대로 무엇을 남겨놓으면 안 된다는 겁니다. 양다리를 걸치면 도시는 언제든지 도피처가 되기 십상이지요. 그런 경우 농사가 제대로 되지 않는다며 도시로 되돌아간 경우가 허다합니다. 절대 조급증을 내서는 안 됩니다. 올해 안 되면 내년에 잘되겠지 하는 자세로 살아야 합니다. 사서 먹는 것보다 내 스스로 키워 먹는 게 얼마나 행복한 일입니까."

정 씨는 농사는 사람의 일이 아니라 자연의 일을 대행하는 것이라고 생각한다. 사람은 그저 바람만 잡는 셈이고 자연이 다 키운다는 것이다. 그래서 농사를 망쳐도 크게 실망하지 않는다. 작년에는 고추 작황이 매우 나빴다. 1400포기를 심었는데 병이 와서 고작 27근밖에 수확하질 못했다. 납품은커녕 집에서 쓸 것도 모자랐다. 약을 치지 않아서 병이 온 것이다. 자연이 주는 게 그것이니 개의치 않는다는 눈치였다.

그는 풀 한 포기, 작은 미물에게도 마음을 연다. 짐승이나 새가 애써 키운 농작물을 파먹어도 나눈다는 생각으로 받아들인다. 그들도 자연의 일부로서 누릴 자격이 충분하다는 것이 그의 지론이다.

한옥 살면서 전통한복 입고
생식을 하다

정 씨의 이러한 삶의 태도는 생활 방식에도 드러난다. 그는 한옥에서 살면서 전통한복을 입고 생식을 한다. 그가 사는 한옥은 방 두 칸에 부엌, 그리고 마당 아래에는 창고로 쓰는 초가 한 채가 있다. 그의 집은 성산서당의 관리사인 셈이다. 서당을 관리하면서 집을 쓰고 문중 땅을 부치고 허드렛일을 도맡아 한다. 성산서당은 원래는 지금보다 규모가 훨씬 큰 서원이었다. 대원군이 서원철훼에 나서자 사우를 없애고 격을 낮춰 서당으로 만들었다고 한다. 성산서원은 300여 년 전 이곳으로 들어온 그의 입향조인 정극후 선생을 기리기 위해 세웠다.

그는 주로 서당의 왼편 방에서 생활하는데, 사랑채인 셈이다. 손님도 거기에서 맞는다. 옆문과 앞문을 열어놓으면 한여름에도 그렇게 시원할 수가 없다. 겨울에는 나무 한 짐을 져다 불을 넣으면 일주일 정도 구들에 온기가 머문다고 한다.

생식은 건강 때문이었다. 아침은 아예 먹지 않고 점심은 생식, 저녁은 현미밥만 조금 먹는다. 옆에서 본 정 씨의 식사량은 많지 않았다. 생식은 여러 곡식 가루를 물에 이긴 것으로 어른 주먹 하나 크기도 안 되는 것 같았다. 그것을 먹고 배가 고프지 않느냐, 일할 힘이 나느냐고 물었다. 그는 포만감을 느낀다고 하면서 생식은 영양을 온전하게 섭취할 수 있는 장점이 있다고 한다.

"생식을 한 뒤 몸이 좋아졌어요. 무엇보다 생식은 에너지를 제

대로 흡수할 수 있습니다. 화식은 밥을 끓이는 과정에서 영양분이 상실되고 결국은 많은 양을 먹게 하죠."

그에게 생식은 최고의 에너지원이다. 그는 왜소한 체격에다 바싹 말라 힘을 거의 못 쓸 것처럼 보이는데도 농사짓는 데 전혀 부족함이 없다고 한다. 지난봄 볍씨를 낼 때 일손돕기를 했는데, 그가 20kg짜리 상토 포대를 한 손으로 번쩍번쩍 드는 걸 보고 놀랐다.

"사람들은 저 보고 비썩 골았다며 피죽도 안 먹느냐고 합니다. 그 몸으로 농사는 어떻게 짓느냐고 하지만 제가 일하는 모습을 보고는 고개를 절레절레 흔듭니다."

생식을 한 지는 15년이 됐다. 고향으로 내려와 3년쯤 됐을 무렵이었는데 영덕에 죽염을 만드는 태평농 회원 한 명이 생식을 했다. 생식이 몸에 좋다는 소문은 익히 들었던 터라 그에게 찾아가 구체적으로 방법을 배웠다. 정 씨는 채식과 생식을 병행했다. "그렇게 식습관을 바꾸니 몸이 가벼워지고 피곤함이 사라지는 것 같았습니다. 제 몸이 한결 좋아진 것을 얼마 지나지 않아 느꼈지요. 6개월간 생식을 한 뒤에 병원에 갔더니 그 많던 병이 다 낳았다고 합디다. 부정맥만 조금 남기고요."

그는 생식하는 순간부터 약을 끊었다. 하루에도 이름 모를 약을 한 주먹씩 먹던 그였다. 그가 생식을 하고 건강을 되찾자 식구들도 자연스럽게 밥상을 바꿔나갔다. 그의 부인은 물론 초등학교에 다니는 삼 남매도 생식에 동참했다. 아이들은 시골로 이사 와서 달라진 환경에 겨울마다 감기를 달고 살았다. 사흘 도리 병원 출입을 했다. 그런데 신기하게도 생식을 한 뒤부터 감기라고는 몰랐다.

"우리 식구는 생식을 할 때다 생된장을 먹습니다. 끓이지 않고 먹어요. 된장을 끓이면 미네랄이나 미생물이 다 죽습니다. 주로 생식과 야채 쌈을 싸서 먹지요. 생식에는 현미, 율무, 옥수수, 보리, 가바쌀 등 다섯 가지가 들어갑니다. 처음엔 옥수수, 현미, 율무만 넣다가 두해살이가 하나도 없다는 생각이 들어 보리를 추가한 것이죠. 보리는 봄여름가을겨울을 다 겪으면서 땅의 기운을 제대로 받고 영양분도 풍부합니다."

그의 입성은 눈에 확 뜬다. 흰색 무명 한복이 그의 평상복이다. 귀농해서 주로 생활한복을 입었는데 어느 날, 어린 시절 어른들이 입던 전통한복을 입고 싶더란다. 기억을 떠올려 옷집에 가서 한복을 주문했다. 그때부터 생활한복과 양복을 버렸다. 그는 언제나 전통한복을 입는다. 한겨울에 입는 물색의 누비한복 하나 빼놓고는 모두 전통한복이다.

흰색 한복은 생각과 달리 생활하기에 편하다. 물론 대님도 매야 하고 버선도 신어야 하고 주머니도 조끼에 하나뿐이어서 불편한 점이 없지는 않다. 하지만 아무 데나 앉아도 되고 때가 타면 일복으로 입고, 세탁하면 새 옷이 된다. 정 씨가 한복을 고집하는 이유는 입기 편해서 스스로가 옷의 주인이 될 수 있다는 데 있다.

"요즘은 사람이 옷의 주인이 아니고, 옷이 사람의 상전 노릇을 합니다. 옷에 신경 쓰는 일이 일상사죠. 그러나 한복은 입다가 더러워지면 작업복으로 입고 외출할 때는 새로 빨아놓은 것을 입으면 그만입니다."

그는 한복을 길사나 흉사에 구애받지 않고 입는다. 상가나 결혼식장에 갈 때는 그 위에 두루마기만 걸치면 된다. 옷은 다리지 않는다. 옷을 다리는 순간 거기에 마음을 빼앗기기 때문이다. 혹 옷이 구겨질까 신경을 쓰다 보면 옷의 지배를 받는 것 같다고 한다. 사람은 껍데기보다 내면에 충실해야 한다는 그의 지론에 비춰 옷에 신경을 쓰지 않는 것이 옷의 주인이 되는 이치라는 건 당연하다.

무명천으로 만든 한복은 '숨 쉬는 옷'이다. 숨을 쉬면서 우리 몸의 독한 독소를 배출하게 해준다. 양복은 몸에서 나오는 독소를 옷 속에 가둔다. 또 피부 호흡을 방해해서 몸에서 나온 독소가 다시 몸속으로 들어간다. 한복의 또 하나의 장점은 여름에는 시원하고 겨울에는 따뜻하다는 점이다. 그는 한겨울에도 내복을 입지 않는다.

남의 눈치 보지 말고
자신을 위해 살아야

그의 생활철학은 줏대를 갖고 자신을 위해 사는 것이다. 흰색 한복에 긴 머리를 꽁지 틀고, 고무신을 신고 다니는 그의 모습이 자연스럽고 어디서든 잘 어울린다. 그가 입성이나 먹는 것에 매이거나 휘둘리지 않고 스스로 중심을 잡고 살기 때문일 터다. 결코 남의 눈을 의식하지 않고.

"요즘 사람들은 남을 위해 사는 게 90%가 넘습니다. 옷도 집도 먹는 것도 남의 눈을 의식하면서 살지요. 좀 더 외양이 화려해지고 분수를 넘는 것도 다 남의 시선 때문 아닐까요. 물론 남을 배려하는 것은 의미가 없는 일이 아니겠죠. 하지만 남의 눈을 의식한다고 자신을 잃어버리는 건 어리석은 일입니다."

통상의 의식주(衣食住)를 식의주(食衣住)라고 부르는 것도 그의 이러한 철학이 담겨서이다. 사람에게 가장 중요한 것은 먹는 것, 그 다음은 가릴 것, 그리고 잘 곳이 있으면 된다. 그런데 우리의 삶은 어떤가. 먹는 것은 대충이고 모든 게 집에 집중돼 있다. 아파트 평수 늘리려고 안간힘을 쓰면서 자신의 몸을 만들어주는 밥에 대해서는 무관심한 세태다.

인간이 살아가는 과정을 생로병사(生老病死)라고 해왔지만 언제부턴가 생병노사(生病老死)가 됐다고 그는 한탄한다. 태어나 병들어 늙고 죽는다는 것이다. 이게 다 먹는 데서 생긴 일이라고 강조한다. 어떻게 먹는가에 따라서 내 자신이 어떻게 풀리는가, 내 자식이 어떻게 되는가와 연결돼 있다는 것이다.

　이러한 정 씨의 삶과 생활 방식은 주변에 작은 파장을 일으킨다. 그의 생각과 삶에 공감하는 이들이 늘어나고 연결된다. 부산한살림의 젊은 여성 조합원들도 그들 중 하나다. 부산한살림 생태육아모임은 2010년부터 이곳을 찾아 아이들에게 자연과 함께하는 경험을 시킨다. 어른까지 해서 열 명 안팎이 한 달에 한 번씩 그의 집을 찾는다. 아이들은 그의 집 주변 산과 들, 시냇가, 성산서당 뜨락과 마루에서 신나게 논다. 이들 공간에 아이들을 풀어놓으면 온갖 풀이며 나무, 흙, 자연 속에서 하루를 보낸다. 아이들이 장난감 없이도 곧잘 노는 게 신기하기만 하다. 어른들은 서당 마루나 구들방에서 먹거리, 육아에 대한 생각을 나눈다. 정씨 부인이 젊은 엄마들에게 내놓는 제철 재료로 만들어진 신선하고 정갈한 밥상은 보약이다. 그들은 마치 친정에 온 것 같다고 좋아들 한다. 정 씨 부부 역시 천사와 같은 아이들로부터 위로받고 행복을 교감한다.
　"애들과 놀면 엄청나게 행복합니다. 서너 시간 잘 놀고 나면 마음과 육신에 생기가 돌지요. 그들이 아니면 언제 천사와 놀아보겠습니까. 감사할 뿐입니다. 때 묻지 않는 아이들이 거리낌 없이 자연 속에서 뛰노는 모습, 바로 저게 천국이 아닌가 하는 생각이 절로 들지요. 그들과 함께하는 시간은 제게 잔치판입니다. 늘 기다려지지요."

정 씨는 귀농해서 행복하고, 부산한살림과 만나 더 행복해졌다고 한다. 자신에게 깊은 신뢰를 보내 주는 한살림 조합원들이 너무 고맙다. 그래서 그는 생산자이지만 늘 소비자 입장에서 생각하려고 애쓴다.

"제가 물건을 납품하는데 과연 제 스스로가 사먹는 사람의 입장이라면 어떤 생각이 들까…. 비싸다고 할지, 맛있다고 할지를 항상 생각합니다. 어떨 때는 미안한 생각이 절로 들지요. 굼벵이가 파먹은 볼품없는 고구마를 조합원들이 건강한 식품이라고 스스럼없이 먹어주니까 너무 고맙고도 미안할 뿐이죠."

자연에 순응해 순간순간 감사하는 삶

벼랑으로 내몰린 삶의 위기 속에서 귀농을 하고 농사일로 삶의 새로운 희망을 연 지 17년. 그의 삶은 180도로 바뀌었다. 돌이켜보면 도시 생활이 마치 한 자락 꿈만 같다. 만신창이가 된 채 고향으로 돌아와 피폐해진 영혼과 육신을 회복하고 행복을 찾았다. 무엇보다 자연과 소박하게 하루하루를 보내는 일이 너무나 감사하다. 사람이 자연의 한 부분이란 것, 자연에 순응해 산다는 것, 자연의 리듬에 맞춰서 일어나고 잠자고 들에 나가 일하며 사계절을 온몸으로 느끼면서 사는 일이야말로 잘사는 것 아닌가. 욕망과 욕심을 내려놓는 삶 그것이 도시에서 돈을 좇던 한 사람의 행로를 완전하게 송두리째 바꿔버린 것이다.

"한 개를 가지면 두 개를 갖고 싶고, 두 개를 가지면 세 개를 갖고 싶은 게 인간의 욕심이죠. 그런 욕심을 지우려고 애써야 합니다. 저는 스스로 부자라고 생각합니다. 한때 라면으로 끼니를 때웠던 데 비하면 엄청나게 부자가 된 것이지요. 제가 필요할 때 돈이 생긴다면 이보다 더한 부자가 있을까요. 돈을 재놓고 사는 큰 부자는 어떤지 몰라도 돈은 필요할 때 들어오는 게 최곱니다. 돈이 필요하다고 생각하면 돈이 들어옵디다. 통장과 주머니에 단돈 10원이 없어도 불안하지 않아요. 필요하면 생기니까요. 일 년에 통장이 제로가 되는 게 서너 번 되지만 전혀 걱정하지 않습니다. 두 달 전에도 통장 잔고가 전무한 상태였지요. 농자재도 사야 해서 잠시 걱정했는데, 어느 순간 돈이 들어오더라고요. 부자가 별게 아닙니다. 마음이 부자면 부자지요."

그에게 앞으로의 꿈을 물었다. 그는 하루하루 최선을 다하는 삶에 만족한다고 한다. 최고는 되고 싶

지 않다. 자녀들에게도 그렇게 가르친다. 최선을 다하면 영원한 최선이지만 최고는 순간이고 꼭짓점에서 내려오는 일만 남는다는 것이다. 그의 꿈은 최선을 다해 사는 것이다. 그러다 힘에 부치면 농사일에서 손을 놓고 산속으로 들어가 조용히 살았으면 한다. 전기도 없는 깊은 곳에서 자연 상태로 온전하게 자급자족을 이루며 살고 싶다고 했다. 건강이 허락하지 않으면 조용히 사라지는 게 꿈이다.

"멀리 보지 말고 지금 이 순간을 누리고자 합니다. 순간순간 행복을 느끼는 게 중요합니다. 미래에 대해 조급해하지 말고 지금 이 순간에 충실하게 사는 것, 그러면서 보람을 느끼는 게 바로 행복이라고 믿습니다."

삶의 억압을 넘어 자연에서 위안과 지혜를 얻은 그의 행복론이 오랫동안 여운을 남길 게 틀림없다.

야지에서 키우는
벼농사가 진짜 농사

보성 벌교 선종구

한 잔 하고 중얼거리다

하루 일을 마치고 서쪽으로 창을 낸 부엌 식탁에 앉아 막걸리를
마시며
장엄하게 지고 있는 해를 보고 있자면 사는 게 너무나 자명해질
때가 있다

웃을 만큼 웃고 울 만큼 울고 노할 만큼 노했다 헤진 작업복을 던
지고 뒤도 없이 누워 버리는 일몰의 해를 서산이 받아 안고 돌아
누우면 창에는 가등이 켜지고 밤하늘엔 별들이 뜨기 시작하는 것
이다

돌이켜보면 한 해를 살다가는 개망초가 내 키를 넘고 벌써 스무
번이 되도록 저들을 심고 베어냈는데 아직도 갈퀴 같은 내 손을
보고 있자면 오히려 나이테가 한 겹씩 벗겨지고 있다는 참혹한
느낌이 들 때가 있다 그럴 때면

한 잔을 더하고 집 마루에 앉아 하늘의 별들과 그 사이를 흘러가

는 상현달을 보기도 하고 밤하늘보다 더 검은 앞산의 실루엣을 망연히 바라보는데 산등성이 아래로 찔레꽃 같은 등불들 피어나고 무논에서는 와글와글 멍머구리 소리 드문 소쩍새 울음 밤 고양이 풀밭 헤적이는 소리…
늦도록 앉아 있는 나를 사이에 두고 또 다른 세상이

미치고 황홀하게 돌아가는 것 같고 뭐라 말할 수 없는 느낌이 들 때가 있다 이럴 때면 천지간의 배꼽에 내가 앉아 있는 것만 같아 한없이 깊어지고 사랑스러워져서 아무렇게나 자고 있는 아들놈의 정강이를 쓸어보기도 하고 띵띵 부은 아내의 볼을 만져보기도 하는 것이다

6월 중순 어느 날 벌교 농부 선종구 씨가 부산한살림 밴드에 올린 「한 잔 하고 중얼거리다」란 시다. 짐작건대 모내기를 마치고 막걸리 한 잔 걸치고 얼큰한 기분이 들었을 것이다. 스무 해, 논에 허리를 박은 채 농사짓고 살아온 삶의 한 편린을 스스로 들춰낸 것이리라. 혹은 허망하게 흘러가는 시간을, 혹은 스스로의 대견함을 떠올리면서 망중한의 정취를 즐기고 있음을 짐작해본다. 그에게 전화를 했다. 한 자락 삶의 노래를 불러달라고. 그는 망설이다 수락했다.
7월 하순 벌교행 버스를 탔다. 버스는 남해고속도로를 시원하게 달려 어느덧 섬진강대교를 넘고 있었다. 차창으로 스치는 배롱나무들은 이른 꽃들을 피워 올리고 있었다. 험악했던 역사 곡

절이 많았던 시절, 현대사의 초입 그 신작로 길에 배롱나무들이
오늘처럼 붉은 울음을 뚝뚝 토했더라면 어땠을까 하는 생각이
퍼뜩 들었다.

벌교 시외버스터미널은 썰렁했다. 낮 시간인데도 승객들의 모
습은 거의 보이지 않았다. 대합실의 규모는 어지간한 큰 도시 것
이나 진배없었다. 한때 이곳에 사람들이 들끓었던 시절도 있었으
리라고 생각하니 쇠락한 농촌의 현실을 보는 듯해 마음이 짠해
졌다. 터미널 앞에서 간단한 요기를 하고 택시를 타고 그가 사는
척령리로 방향을 잡았다.

나이 지긋한 기사의 능숙한 솜씨도 한몫했지만 차는 몇 분도
안 돼 금평 버스정류소 길 건너편 그의 집 마당으로 들어섰다.
작년 이맘때 부산한살림 꽃보다이모팀 일원으로 선 씨 논 김매
기 일손돕기에 참가한 적이 있었다. 그때는 쏟아지는 빗속을 달
려 어둠이 이슥해진 뒤에야 도착했다. 그런데 희한하게도 읍내에
서 이곳까지 오는 길이 눈에 익어 있어 전혀 낯설지 않았다. 생경
했지만 기분 좋은 경험이었다.

고흥갯벌서 건져 올린
맛을 먹으면서

그는 벌써 집앞 마루에 '맛'을 준비해
놓고 기다리고 있었다. 신문지를 불쏘시개로 숯불을 피우고 고
흥갯벌에서 금방 건져 올린 듯 싱싱한 맛을 올렸다. 그가 건네주
는 맛의 껍데기를 까고 살점을 입안으로 넣자 자연이 빚어낸 남

도의 속살, 그 멋진 '맛'이 한순간 미각을 두드렸다. 부산에서 먹는 것은 얇고 긴데 이곳의 맛은 통통하고 실했다. 그 맛이다. 어릴 적 고향 계곡에서 잡아 구워 먹던 '가재 맛'이 기억의 창고를 뚫고 슬금슬금 흘러나왔다. 맛의 맛을 상찬하자 그는 오직 여기서 이때만 먹을 수 있다고 흡족해한다.

오락가락하는 빗줄기와 앞산에 걸린 비구름을 바라보면서 마시는 술과 맛. 남도의 풍광에 젖어 듣는 그의 행로는 가슴을 울린다. 그는 특별한 사람이다. '농부 시인'. 그의 생태적 감수성은 물고기 비늘처럼 번쩍이며 육자배기 가락으로 툭툭 튀어 오른다. 농사지으면서 시 쓰지 말란 법은 없지만 그가 '야지'에 심은 벼포기처럼, 개펄에서 끌어올린 맛 같은 튼실하고 싱싱한 시편을 뽑아내는 걸 수차 보면서 경이로움을 느끼지 않을 수 없다.

지난해 처음 그의 집을 찾았을 때 맨 먼저 눈길을 잡은 것은 거실의 책꽂이에 가득 꽂혀 있는 시집들이었다. 1970, 80년대 살벌하고 요동쳤던 시절 젊음의 방황과 허기를 달래주었던 시편들의 해후가 반가웠다. 민음사 세계시인선, 창비 시선… 최근에 나온 독특한 개성을 지닌 시인들의 시집도 눈에 띄었다.

'태백산맥'이란 상표가 붙은 보성산 막걸리, 큼직한 병을 두 통이나 비웠다. 우리는 남은 안줏감을 내려다보다 입맛을 다셨고, 그는 부엌으로 가더니 와인 한 병을 들고 나왔다. 거창의 한 살림 생산자가 만든 국산 와인이었다. 나에게도 익숙한, 약간은 거칠고 텁텁하지만 순박한 풍미가 여운을 주는 '정쌓은 와인'이었다.

"이거 쌀이랑 바꿨어요. 쌀을 팔아먹고 살지만, 이렇게 마음 맞는 이와 물물교환하며 살고 싶어요." 오늘 그가 살아온 내력이 흥미진진해질 것 같은 예감이 든다. 모내기는 마쳤으니 올 농사의 반은 한 것이고 시 농사는 어떠냐는 질문을 던졌다. "시가 뭐 별게 있간디요. 사는 게 다 신데…."

나의 꿈은 농사,
수험서를 태우다

1993년. 그의 나이 스물일곱. 막 군을 제대하고 고향인 전남 보성군 벌교읍 척령리로 들어왔다. 햇수로 20년이 훌쩍 넘었다. 농사를 지으려고 귀향했으나 아버지가 극구 반대했다. 농사짓는다면 자식으로 인정하지 않겠다고 선언했다. 어려운 농촌살이에 대학까지 보냈는데 농사라니, 결코 용납되지 않는 일이었다. 그는 부친이 돌아가시고 난 뒤 비로소 농사지을 수 있었다. 아버지가 평생 온몸을 부대껴온 들판에서, 논두렁에서 이제 아들이 대신 벼가 자라나는 소리를 들으며 농사를 짓는다.

9남매 중 막내로 태어난 선 씨는 일찌감치 농촌생활을 마음에 두고 있었다. 중학교 때까지는 엔지니어가 꿈이었다. 고등학교 가서 고민 끝에 농사짓기로 마음을 정했다. 꽉 짜인 직장생활이나 하루하루 아웅다웅해야 하는 장사꾼은 체질상 맞지 않다고 생각을 했다. 고3 때 진로를 농대로 잡았다. 농대에 가면 지긋지긋한 공부를 더 하지 않아도 될 것이라는 지레짐작도 한몫했다. 그 때문이었던가. 입학할 때는 돈 한 푼 안 내고 들어갔는데 졸업할 때는 교수들이 회의까지 했다. 골칫덩이 내보내는 게 좋다는 결론이 난 덕에 겨우 졸업장을 받았다고 한다.

그는 86학번이다. 이 땅에서 치열한 민주화운동이 전개되면서 그 열기가 꼭짓점으로 향할 때였다. 그는 학생운동 판에 뛰어들었다. 그 시절엔 이미 학생운동이 이념적 틀을 갖췄다. 과거 선배들의 다분히 낭만적이었던 운동과는 결이 달랐다. 이념의 세례를 받고 치열하게 단련됐던 세대들이다.

"중1 때 광주사태를 겪었지요. 당시 누나가 광주에서 자취를 하면서 학교에 다녔는데 화순까지 걸어 나왔다고 했어요. 학교가 휴업을 하고 열흘간 논다니까 마냥 좋았죠. 여선생님 한 분이 좋아하는 우릴 보고 너네 같은 애들이 죽어나가는데 뭐가 그리 좋으냐며 울면서 화를 냈어요. 그해 5월 말쯤엔 시민군들이 숨겼

을지 모를 총을 찾는다고 누렇게 이삭이 팬 보리밭을 뒤지기도 했지요."

대학에 들어가 그날의 참상을 알았고, 광주항쟁의 본질을 이해했다고 했다. 대학에서는 학과 공부를 거의 하지 않았다. 야학 교사 하면서 방학 때는 아르바이트를 했다. 건설 현장에서 무거운 질통 짊어지고 노가다를 했다. 시멘트를 져 나르느라 등판이 벗겨지고 어깨가 까졌다. 그런 경험을 통해 노동자들의 어려운 삶도 알아갔다.

"당시엔 검정고시 야학이든 노농 야학이든 노동운동의 산실이었죠. 광주지역 노동운동가 상당수가 야학 출신입니다. 야학연합회도 만들어지고 야학운동이 활발했죠. 각 야학 교사들의 모임인 연합회의는 사레지오여고 수녀원에서 열리곤 했지요. 정보형사들이 출입하지 못하는 곳이었습니다. 야학 강학을 3년 정도 했지요. 그런 연유로 노동운동 판도 많이 알게 됐고요. 하지만 생각은 온통 농촌에 가 있었습니다."

그는 대학을 졸업하고 입대를 했다. 1990년 11월 군번이었는데 강원도 홍천에 있는 11사단으로 배치됐다. 군에서 세 번의 겨울을 보냈다. 그는 제대 뒤 바로 고향으로 내려왔다. 농사지을 틈새를 찾으면서 아버지의 반대가 꺾이기만 기다렸는데 전혀 그럴 기미가 보이지 않았다. 하는 수 없이 공무원 공부 시늉을 냈다. 공무원시험 수험서를 사고 들여다봤지만 눈에 하나도 들어오지 않았다.

"아버지께선 제가 농대를 나왔으니 최소한 농촌지도소 정도는 들어갈 줄 아셨어요. 평생 농부로 사신 아버지 입장에선 아들이 양복을 입고 출퇴근하는 걸 보는 게 소원이었죠."

하지만 마음에 없는 공부가 될 리 없었다. 그는 한두 달 흉내만 내다가 어느 날 집 모퉁이에서 책을 몽땅 불살라 버렸다. 그리고 앞으로는 내 인생 내가 살겠다, 내 자신에게 쪽 팔리는 인생은 결코 살지 않겠다고 다짐했다.

그는 부친의 완강한 반대로 농사를 짓지 못하자 지역 활동에 나섰다. 이미 그는 대학을 졸업하고 군에 입대하기 전까지 고향에 머물 때 뜻 맞는 이들과 청년회를 조직한 바 있었다. 그런 경험이 지역 활동을 하는 데 밑받침이 됐다. 그가 제대할 무렵에 전국적으로 지역신문이 붐을 이뤘다. 그도 보성지역을 기반으로 한 지역신문을 냈다. 편집국장을 맡아 일선에서 취재도 하고 편집도 하고 영업도 하는 등 1인3역을 했다.

농사 대신 지역사회 활동을 하면서 그는 평생 함께할 그의 부인 김미영 씨를 만난 것도 예상 외의 큰 소득이다. 그는 청년회 사무국장을 맡고 있었는데 거기에는 '운동'의 세례를 받은 이들이 상당수 모였다. 그게 인연이 됐다. 당시 그의 아내는 모 생명보험 회사의 직원으로 노조에서 간부를 맡아 맹렬한 노동운동을 펼쳤다. 그러한 활동이 회사의 눈에 나서 별교로 쫓겨났다. 그 일로 노조 측 사람으로부터 청년회 쪽으로 연락이 왔다. 이런 사람이 그곳으로 내려가니 도움을 주었으면 한다는 내용이었다. 사회 각계에 연줄이 작용하듯이 그 당시 운동권 역시 알음알음 연

결됐다.

"그 일을 계기로 집사람을 처음 만났지요. 그런데 한 번 만나고 난 뒤에 연락이 오지 않았어요. 자존심이 상했죠. 은근히 오기도 생겼고요. 일방적으로 전화를 해서 이런저런 모임에 불러냈습니다. 그러다가 정이 든 것이지요."

역사와 문화, 삶이
녹아 있는 쌀농사

그들은 마침내 결혼을 했고 신접살림을 차렸다. 결혼한 지 1년 만에 그의 아버지가 돌아가셨다. 그해에 바로 신문사를 때려치우고 농사를 시작했다. 그는 세상에서 홀대받고 농민마저 외면하는 쌀농사를 택했다. 의외의 선택이었다. 그의 고향마을은 이미 오래전부터 딸기 농사가 주류를 이루고 있었다.

"우리 동네에서 딸기 농사가 시작된 지 40년이나 됐습니다. 딸기마을로 잘 알려져 있죠. 그런데 나는 딸기 농사가 싫었어요. 어릴 적 고생한 것도 있지만 비닐하우스 속에서 억지로 키워내는 공장식 농사가 아닌 야지에서 비바람 맞아가며 오리지널로 크는 쌀농사가 더 끌렸습니다."

그의 마을에 당시 쌀농사를 짓는 젊은이는 없었다. 다들 목돈을 쥐는 딸기 농사를 했다. 돈 안 되는 쌀농사에 매달린 그를 보고 답답해했다.

선 씨는 힘닿는 데까지 쌀로 승부를 보겠다고 했다. 경제적 부분을 생각하면 던져버려야 마땅하지만 논과 쌀에 대한 그의 생각은 신앙이나 마찬가지다. 논이 갖고 있는 상징성 때문일 것이다. 생태적 · 인문적 · 경제적 차원의 층층한 역사와 문화가 녹아 있는 '거룩한 일'이 쌀농사 아닌가.

선 씨의 농사 규모는 논농사 2만 평이다. 마지기수로 60마지기가 넘는다. 벌교 일대에서는 한 마지기가 300평이다. 농토가 협소한 경상도와 기본단위부터 다르다. 작년에는 농사 규모를 많이 늘렸다. 고3인 딸의 대입 뒷바라지를 하기 위해서 학원비를 벌어야 한다. 이곳에서 보통 관행농 하는 이들은 100, 200마지기씩 짓는다. 3만, 6만 평씩이다. 트랙터, 이앙기 등 모두 기계로 농사지으니 가능하다. 트랙터로 맘먹고 논 갈면 하루에 50마지기 정도는 뚝딱 해치운다.

논농사의 소득은 많지는 않다. 그의 판로는 주로 한살림이다.

생산량의 60~70%를 낸다. 한살림 납품을 위한 친환경 작목반이 있고 그가 총무를 맡고 있다. 남는 쌀은 매상은 하지 않는다. 쌀꾸러미로 개인들과 직거래한다. '쌀독지기'란 이름의 꾸러미다. 현재 회원은 40명쯤 된다. 그러면 그의 쌀 생산량은 다 소화되는 셈이다. 한살림에는 쌀 80kg 한 가마에 22만 원에 내놓는다. 높은 가격은 아니다. 한 마지기에 쌀 네 가마 반이 나온다. 잘 나오면 다섯 가마까지 생산된다. 친환경으로 오래 지으니 땅이 좋아져서 많이 나온다.

그런데 한 가지 농사를 택해서 짓는 게 부담이 되긴 한다. 쌀농사에는 자연의 영향이 매우 크다. 수확기 무렵이면 태풍이 들이닥치곤 한다. 한 해에 여러 번 짓는 게 아니라 단 한 번이니까 실패하면 '일 년 농사 헛것'이 된다. 하지만 쌀농사도 한 20년 지으니 노하우가 생기더란다. 그래서 농사짓는 마음에 여유가 생겼다. 올해부터는 오랫동안 묵혀놓았던 밭농사를 조금씩 해볼 작정이다.

그의 논농사는 우렁이농법으로 한다. 처음엔 태평농법으로 농사지었다. 인근에 있는 이영문 씨와 알게 되면서다. 농약 안 치고 비료 안 주고 농사짓는 게 자신의 생각과 맞아떨어졌다. 그런데 첫해 농사짓고 나니 200가마 나와야 할 땅에서 겨우 50가마를 거뒀다. 처음이라 판로조차 없어 헐값에 수매를 했다. 얼마나 가슴이 아팠는지 모른다. 그 뒤부터는 절대 매상은 안 했다. 자존심 문제다. 정 안 팔리면 친환경쌀을 취급하는 농협에 넘긴다. 쌀을 버릴지언정 매상은 첫해 말고는 안 해봤다.

　태평농법의 취지는 좋은데 생산량도 적고 한 해 해보니 더 이상 하고 싶지 않았다. 그 뒤부터는 우렁이농법으로 바꿨다. 충북 음성 최성미마을의 우렁이농법 창시자를 찾아가 배웠다. 10년이 넘어가는 데 일정한 효과가 있다는 걸 확신한다. 농법도 중요하지만 논농사의 관건은 물을 어떻게 관리하는가에 달렸다. 물에 잠긴 논에는 잡초가 나지 않는다. 그래서 써레질을 고르게 하는 게 기술이다. 처음에는 잘 안됐지만 지금은 곧잘 한다. 바닥이 고른 논에 물만 제대로 채워놓으면 피는 안 생긴다.

한국농업 위기 부르는
자본 중심 성장

그는 쌀농사, 우리 농업 전체가 흔들리고 있다고 우려한다. 농산물 완전 개방에다가 자본가들의 농업을 잠식하는 현실이 문제란다. 천하지대본인 농사, 그것도 쌀농사가 천대받는다. 하지만 천덕꾸러기 신세를 면하지 못하는 쌀은 우리의 삶과 가장 밀착돼 있는 먹거리다. 쌀농사는 농업의 차원을 넘어서 우리의 삶을 규정 짓는 문화다. 쌀이 푸대접을 받고 있는 세태지만 여전히 우리의 삶은 쌀문화의 영역에서 벗어나지 못하고 있다.

"우리 삶의 중심에 쌀이 있습니다. 밥상이고 부엌이고 쌀 중심으로 배열되잖아요. 쌀이 홀대받는 것은 단순히 쌀의 문제가 아닙니다. 쌀이 중심이 된 문화가 죽는 것입니다. 당장 쌀이 사라지면 밥솥과 김치냉장고가 필요 없어질 것이고, 우리의 삶과 문화가 죽어 나자빠질 겁니다."

작년에 정부는 쌀 전면개방을 했다. 농민 입장에서 보면 갈 데까지 가보자는 것과 다를 바 없다. 정부는 관세율을 500%까지 올린다고 했는데 그게 비현실적이다. 문제는 우리에게 쌀이 항상 남아돈다는 전제 아래 가능한 이야기이기 때문이다. 만약 우리나라에 쌀이 부족하면 관세율은 아무런 의미가 없다. 어느 핸가 전국적인 냉해로 흉년이 들면서 200만 톤의 쌀을 수입했다. 당시 울며 겨자 먹기로 국제시세의 서너 배나 주고 쌀을 수입했다. 그런데 과연 우리의 쌀은 남아도는가. 이미 우리의 쌀자급률은

80%대로 떨어지고 있다.

선 씨는 한국사회가 농업을 포기한 것이라고 보고 있었다. 물론 자본 위주의 성장과 효율이라는 입장에서 현재의 쌀농사 등 우리 농업이 한가한 것으로 보일 수도 있다. 하지만 농사가 어디 자본주의의 속도에 맞춰야 하는 그런 게 아니잖은가. 그런데도 정부는 기업농을 육성하면 모든 게 해결되는 걸로 착각하고 있다. 물론 재벌이 농사지으면 기계화하고 자동화해 생산성도 올라갈지 모른다. 하지만 오랜 우리 삶의 근간, 공동체의 뿌리가 붕괴되는 건 어쩔 것인가. 이미 축산은 기업화됐다. 농민은 자기 땅에서 월급쟁이로 전락하고 있다.

"땅은 오랫동안 생명의 터로 여겨져왔습니다. 그런데 이제는 투기의 대상이 되어버렸죠. 한 해에 여의도 면적의 몇 배나 되는 농지가 사라진다고 들었습니다. 벌교도 예외가 아닙니다. 어느샌가 곳곳에서 좋은 농지가 매립되고 있습니다. 옥토를 망가뜨리고 러브모텔을 짓고 있습니다. 그걸 지켜보는 농민의 입장은 어떨지 헤아려보는 이는 아무도 없습니다. 그렇게 농업을 홀대하고 농지를 매립하다간 필리핀의 전철을 밟지 않으리란 보장이 없습니다. 세계 최대의 곡창이 농업홀대 정책으로 눈 깜짝할 새 쌀 수입국으로 전락한 걸 반면교사로 삼아야 합니다."

우리는 쌀밥의 의미, 쌀의 가치를 너무 모르고 있다. 세끼를 쌀밥으로 먹은 게 불과 20년 남짓밖에 안 된다. 그런 면에서 지금 우리는 단군 이래 가장 큰 풍요를 누리고 있다. 그런데 쌀이 모자라고 쌀값이 폭등하는 날이 오지 않는다고 누가 장담할 수 있을까. 쌀농사를 짓는 농가가 해가 갈수록 줄어들고 논 면적이 감소하고 있다. 쌀이 모자라고 쌀값이 폭등하면 우리는 한순간에 지옥을 맛볼 수밖에 없다. 그게 쌀을 중심으로 살아온 우리의 숙명적 삶이다.

쌀농사 은퇴한 뒤엔
사람농사 짓는 게 꿈

그는 우리 사회의 근간이 되는 농민들에게 기본소득이 보장되는 정책이 절실하다고 목소리를 높인다. 기업농이니 창조농업이니 헛소리할 게 아니라 농민이 안정적으로 생활할 수 있는 농업구조를 만드는 게 우선이다. 그래야만 우리 농업이 지속할 수 있다. 유럽의 경우 농민들의 기본적 소득을 보장하고 농민의 곡물농사에 대해 정부가 보조금을 지급한다.

"우리는 옛날부터 쌀농사를 지었고 자급자족해온 나랍니다. 역설적으로 식량의 중요성을 잘 모른다는 이야기죠. 해방 뒤 급격하게 공업 위주로 가면서 농업은 후진적 산업으로 애물단지 취급을 받았습니다. 공업화·산업화의 총알받이 역할을 하면서도 홀대받아온 게 우리 농업의 역사 아니겠습니까. 자식만은 어떤 일이 있더라도 농사를 물려주지 않겠다고 이를 앙다물고 대학 보냈지요."

농업은 우리 사회를 지탱하는 기본이다. 반도체가 우리를 먹여 살린다고, 재벌이 국민을 부유하게 한다고, 천만의 말씀이다.

쌀을 총알받이로 내몰고 농민을 혹사시켜 그 위에 그들의 부의 탑을 쌓은 것 아닌가. 농사, 특히 쌀농사에 기업의 논리, 돈의 논리가 적용되어선 안 될 일이다. 농사짓는 일이 덜떨어지고 심지어 잘못을 하는 것처럼 받아들여지는 풍토가 바뀌지 않는 한 우리 농업은 허물어질 수밖에 없다. 그것은 우리 사회의 근본이 허물어지는 것이기도 하다.

그의 꿈은 근력이 허락하는 날까지 쌀농사 잘 짓고, 그다음에는 농촌을 중심으로 교육운동을 벌이는 일이다. 농촌이야말로 아이들에게 가장 좋은 교육환경을 제공할 수 있다는 게 그의 생각이다. 그는 농촌에서 결혼하고 아이 둘 낳고 잘 살고 있다. 그가 볼 때 도시 아이들은 너무 불쌍하다. 사람은 자연 속에서 교감하면서 자라야 하는데 도시 아이들에게는 오로지 경쟁뿐이다.

이러한 교육적 관점은 그의 논으로 도시 아이들을 불러들인다. 그의 논에는 일 년에 한 번씩 부산의 대안학교 온새미학교 아이들이 와서 김매기를 돕는다. 아이들은 논을 뛰어다니면서 부드러운 흙의 느낌을 체득한다. 가까운 바다로 나가 뻘을 밟으면서 자연과 교감한다. 그러는 과정을 통해 아이들은 세상을 알아가는 것이다.

"사과나무를 잘만 관리하면 50년, 100년도 갑니다. 열매를 제대로 맺으려면 10년은 키워야 하지요. 애들 키우는 것은 성인이 됐을 때 제 구실을 하도록 하는 것인데 초등생부터 영재 만들고 속성으로 하려고만 듭니다. 그렇게 하면 나무도 죽고 아이들도 죽습니다. 아이들은 100년을 바라보는 사과나무처럼 천천히 키워야 합니다. 일 년에 안 되면 이 년을 기다리고, 시간을 두고 천천히 스스로 자랄 수 있게 해야 합니다."

선 씨는 이름 대신 주로 '일농(一農)'이라는 호를 쓴다. 그가 한때 심취해서 문인화를 배울 때 그의 사부가 큰 농사꾼이 되라고 지어준 호다. 농업이 천대받고 위기에 내몰린 시대에 한 사람의 농부로 꿋꿋이 서는 일농이 되었으면 한다. 시 농사 또한 실하게 짓는 일농이 되고, 더 나아가서는 아이들과 함께하며 사람농사 짓는 일농이 되길 기대해본다.

열정적 삶의 행로,
땅에서 얻은 평화

경북 봉화 윤길학

그는 말린 고추 손질에 한창이었다. 불그스레하게 잘 마른 고추를 그득히 쏟아놓은 작업장에서 그의 부인, 성당 대모라는 노부인과 함께 고추 꼭지를 따는 일에 열중하고 있었다. 고춧가루 주문량을 맞추기 위해 이른 새벽부터 죽치고 앉아서 작업을 하고 있다고 했다. 거구의 그가 쪼그려 앉아 작은 고추 꼭지를 따는 모습이 퍽이나 인상적이다. 취재 길에 동행한 아내와 달려들어 그들의 작업에 손을 보탰다. 어느새 우리는 같은 일을 하면서 한결 가까워짐을 느낀다. 손을 놀리면서 듣는 그의 지난 삶이 한결 명료하게 들려왔다.

윤길학 씨는 보통 키에도 불구하고 몸집이 크다. 얼굴이 큼지막하고 커다란 입과 부리부리한 눈이 거구를 강조하면서 사람을 압도한다. 소싯적부터 '장군감'이란 소리깨나 들었다고 한다. 외모와 달리 그의 목소리는 소프라노 톤에 가깝다. 가늘지만 단단한 그의 독특한 음색은 예상 밖의 반전이다. 생김새에 걸맞게 그의 성정은 거침없고 화통하다. 무엇보다 그는 쾌활하다. 유머가 넘치는 그의 화법은 어느새 듣는 이를 편안하게 하며 외모로부터 받은 경계심을 무장해제시킨다. 그는 사람을 끌어들이는 묘한 매력을 가진 사람이다.

그는 부산귀농학교 1기로, 상징적 존재다. 학교에 중요한 행사가 있으면 봉화에서 부산까지 먼 길을 마다 않고 달려온다. 그런 열정이 그의 집 문턱으로 귀농학교 동문들의 발길이 끊어지질 않게 한다. 우리가 그곳을 찾기 일주일 전엔 귀농학교 46기생들 여섯 명이 실습을 나왔고, 그보다 한 주 전에는 동문 다섯 명이 일손 돕기를 다녀갔다고 한다.

탄광 노동 운동하다
일자리 찾아 부산으로

그는 경북 문경 출신이다. 문경읍 중평리 여우목성지 인근 산골 마을에서 태어났다. 그의 부모님과 조부모님도 그곳에서 농사를 지었다. 그는 어린 시절을 고향 문경에서 보냈고, 자라선 그곳의 광업소에 취직했다. 대성탄좌에 다녔는데 노조 활동을 열성적으로 했다. 노조 간부를 맡아 근로조건 개선과 임금투쟁을 하면서 회사에 찍혔고 해고를 거듭했다. 첫 번째 해고됐을 땐 6개월 만에 복직했다. 또다시 해고가 됐고 3년을 회사를 상대로 싸웠다. 끝내 탄광 일을 더 하기 어렵게 됐다. 문경 역시 여느 농촌 소읍처럼 탄광일 말고는 변변한 일거리가 없었다. 일자리를 찾아 무작정 부산으로 내려왔다. 1980년대 말이었다.

부산에 내려오니 그의 형수가 냄비공장 일을 알선해줬다. '빼코라이트'라고 냄비의 손잡이를 만드는 회사였다. 불에 잘 타지 않는 페놀수지로 냄비나 프라이팬의 손잡이, 꼭지를 만들었다. 2

년 동안 한눈 팔지 않고 부지런히 배우고 열심히 일했다. 성실한 그를 사장이 잘 봤던 모양이다. 어느 날 그를 부르더니 작은 하청공장을 하나 내줄 테니 독립해서 일해봐라 하더란다. 이른바 소사장으로 발탁된 것이다.

"제 공장이 생기고 밤낮 가리지 않고 일했습니다. 직원 두 명을 데리고 일했는데 돈 버는 재미가 쏠쏠했어요. 직원들이 나오지 않는 휴일에는 집사람과 학교에 다니던 아들과 함께 밤샘 작업도 했지요. 그런데 1997년 운명의 IMF가 덮친 겁니다. 한순간에 국내 경제가 휘청거리고 전 산업이 내리막길을 걸었지요. 굴지의 기업들이 도산하는 판에 제 작은 공장이 무너지는 건 일도 아니었지요."

그의 공장에서 납품하던 본사는 일본에 수출을 많이 하는 회사였다. IMF가 터지고 갑자기 수출길이 막히니 회사가 휘청거렸다. 당장 그 불똥이 하청사인 그의 공장으로 튀었다. 이를 악물고 버텼지만 춥고 긴 불황의 터널을 견뎌내기엔 역부족이었다. 8개월을 벌이도 없이 직원 월급 주면서 겨우 명맥을 이었지만 더 이상은 무리였다. 임대료와 전기세 등 기본경비도 버거웠다. 그는 공장의 문을 닫았다. 본사로 들어오라는 것도 마다했다.

그는 비정의 도시에서 더는 연명하고 싶지 않았다. 벌어먹기 위해 도시로 나왔지만 그는 늘 귀향을 꿈꿨다. 대대로 농사짓던 곳으로 되돌아가고 싶었다. 그런 점에서 IMF는 그에게 또 다른 기회를 마련해준 것인지도 모를 일이다. 경제적인 충격파가 컸지만 부산 생활 10년 동안 알뜰살뜰 벌어놓은 돈도 적잖았다. 고향

문경에 땅을 알아봤지만 그 사이에 땅값이 너무 올랐다. 쉬 돌아갈 엄두가 나지 않았다. 그러던 차에 부산귀농학교가 생긴 것을 알고 1기 수강생으로 등록했다. 부인 이명자 씨도 설득해 함께 다녔다.

"귀농학교에 다니면서 우연한 기회에 『녹색평론』을 읽게 됐어요. 마침 제가 읽은 『녹색평론』엔 오랫동안 잊고 지냈던 정호경 신부님의 글이 실려 있었죠. 당시 정 신부님은 사목 활동에서 물러난 뒤 봉화로 들어가 농사지으며 은퇴생활을 하고 있었습니다. 신부님과의 인연은 문경에서 시작됐어요. 제가 문경에서 탄광 일을 할 때 성당에 나갔고, 정 신부님이 본당을 맡고 계셨어요. 신부님은 당시 '운동권 신부'로 잘 알려져 있었습니다. 노동운동과 학생운동을 지원하고 박정희 정권에 대해 날선 비판을 서슴지 않았어요."

그가 탄광에서 노동운동 할 때 정 신부의 신세를 많이 졌다. 형사들에게 쫓기면 성당으로 도피하기가 여러 차례였다. 탄광에서 쫓겨나 부산으로 내려온 뒤로 전혀 연락하지 못했다. 먹고살기에 바빠 성당도 나가지 않았다. 그러다가 우연찮게도 녹색평론에서 해후하게 된 것이다. 주소를 알아서 편지를 썼다.

"문경에서 노조활동을 할 때 도움을 받았던 윤길학 바오로라며, 지금까지 살아온 이야기를 간략하게 썼습니다. IMF로 공장이 망하게 됐고, 부산을 떠나 농촌에 자리 잡고 조용히 농사짓고 싶다는 생각이 간절하다고 했습니다. 그랬더니 신부님께서 한 번 봉화로 와보라는 답장을 보내왔었죠."

정호경 신부와 인연으로
비나리마을 정착

그는 1998년 7월 정 신부가 사는 봉화군 명호면 풍호리 비나리마을에 첫발을 내디뎠다. 지금은 '귀농의 메카'로 널리 알려져 있지만 당시만 해도 한적한 오지 마을이었다. 비나리란 이름은 비나루에서 비롯됐다고 한다. 원래 이곳에 옛날에 큰 나루가 있었다. 강을 타고 내려온 춘양목들을 이곳 나루에서 뗏목으로 엮어 안동 등 하류 대처로 나갔다는 것이다. 그가 들어올 당시에는 마을 규모가 겨우 40가구쯤 됐다.

그러던 비나리마을에 지금은 60여 가구가 살고 있는데, 귀농자들이 절반에 이른다. 그가 귀농자로 처음 들어왔다. 그 이후로 귀농이 잇따랐고, 그들을 중심으로 활발한 마을운동이 펼쳐졌다. 지금은 정보화마을 산촌마을 등으로 다양한 마을사업이 펼쳐지고 있다. 5년 전엔 정부로부터 60억 원을 지원받아 비나리마을학교와 귀농자의 집을 지었다.

비나리마을학교에서 열리는 봉화귀농학교는 일 년에 여섯 차례나 진행된다. 5박6일을 숙박하면서 농사체험을 하는 프로그램이다. 한 기수가 스무 명 안팎으로 전국에서 몰려온다. 수업은 철저하게 현장 실습 위주다. 직접 농가로 나가 과일, 고추, 배추 농사를 배운다. 실습하는 농가에서 땅도 알아봐 주고 빈집도 알선해준다. 봉화귀농학교를 거친 수강생들 중에 이곳으로 귀농한 이들이 많다. 윤 씨는 봉화귀농학교 초대 교장을 하면서 학교의 기틀을 잡았다.

　귀농인의 집도 한꺼번에 다섯 가구를 수용한다. 최소 1년간 계약해 살면서 귀농지를 물색할 수 있다. 일 년 입주하는 데 세가 500만 원이고 봉화지역으로 귀농하게 되면 200만 원은 돌려주지만 적잖은 부담이다. 그런데도 예약이 밀려 있다. 비나리마을학교와 귀농인의 집은 마을에서 영농조합 형태로 운영한다.

　그가 정 신부의 편지를 받은 것은 부산귀농학교 1기 교육을 마친 직후였다. 그는 부인과 함께 한달음에 정 신부를 찾았고 농장에서 일주일 동안 일을 했다. 한여름 홍화밭에서 잡초를 맸다. 당시 그의 몸무게가 100kg이나 됐고 배가 나와 쪼그려 앉기조차 힘들었지만 밭에 엎드려 죽자 살자 일했다.

　"제 스스로에 대한 시험이었죠. 과연 농사를 지을 수 있을까 확인해본 것이었습니다. 지긋지긋한 도시 생활을 떨쳐내고 농사를 지어보겠다는 생각을 다진 시간이기도 했어요. 땡볕 아래 땅

바닥에 엎드려 잡초를 매는 게 보통일이 아니었죠. 하지만 이걸 견디지 못한다면 어떻게 농사를 짓겠단 말인가 하는 생각이 들었습니다. 이를 악물고 버텼지요. 집사람이 함께해주지 않았다면 견뎌낼 수 없었을 겁니다."

일주일 고행 끝에 그는 이 정도면 해볼 만하다는 생각이 들었다. 그들 부부는 귀농을 작정하고 부산으로 내려갔다. 막상 부산에 내려오자 지난 일주일이 너무나 힘들었다는 생각이 들었고, 그런 농사에 평생 매달릴 것을 생각하니 갑갑해졌다. 내려올 땐 당장 정리해 올라가야지 했는데, 그 생각도 옅어졌다. 몇 달을 귀농학교 동기들과 이곳저곳을 돌아다니며 땅도 알아보고, 어느 동기가 농사짓는 버섯 농장에도 가봤다. 그때 정 신부가 봉화에도 괜찮은 땅이 많이 있으니 올라오라는 편지를 보내왔다. 일주일 동안 열심히 일하는 모습을 잘 봤던 모양이다.

1998년 11월 먼저 윤 씨 혼자 비나리마을로 들어와 정 신부 집의 방을 하나 차지했다. 그리고 인근의 땅을 물색했다. 정 신부의 화물차를 타고 이웃 재산면을 비롯해 봉화 구석구석 땅을 보러 다녔다. 그러다가 소천면에 괜찮은 땅이 있다고 해서 계약하려고 하던 차에 비나리마을 맨 윗자락에 있는 땅이 매물로 나왔다.

"20년이나 묵은 땅이었지요. 밭이라기보다는 야산이었습니다. 온통 나무가 자라고 풀은 한 길이 넘었죠. 그런데 느낌이 각별했어요. 바로 내 땅이라는 생각이 강하게 들었습니다. 평소 마을 사람들이 호랑이 나오는 땅이라며 꺼려하고 방치했던 곳이에요. 1600평이었습니다."

묵은 땅 개간하고
직접 통나무집 짓고

그렇게 윤 씨는 비나리마을에 본격적
으로 터를 잡았다. 그의 부인도 합류했다. 마침 그가 산 땅 바
로 아래에 빈집이 하나 있어 수리를 하고 들어갔다. 이것저것 가
재도구도 갖추고 본격적 농촌 생활을 시작했다. 새해가 되면 묵
은 땅을 개간해 농사를 짓고, 그 땅에 집 지을 궁리를 했다. 그런
데 빈집에 들어간 지 얼마 되지 않아 집 주인이 자신들이 들어오
겠다고 했다. 급기야 윤 씨 부부는 집을 비워주고 자신들의 밭에
비닐하우스를 짓고 차양막을 덮어 거기서 기거했다.

"땅도 샀겠다, 농사도 짓고 집도 지어야겠다는 의욕이 넘쳐났
지요. 하지만 두 마리 토끼를 한꺼번에 잡기 힘들었지요. 남의 손
빌리지 않고 직접 하려니 동시에 할 수가 없었습니다. 집 지으려
구해놓은 목재도 건조해야 했지요. 그래서 집은 일 년 뒤 짓자고
생각하고 땅부터 개간을 했습니다. 포클레인을 빌려 수십 년 묵
은 잡목을 캐내고 돌을 골라냈죠. 저희 부부는 기계도 없이 맨손
으로 농사지었습니다. 밭을 갈 때는 집사람이 소가 되어 앞에서
끌고 뒤에서 제가 쟁기질을 했어요. 농촌에 가서 좋은 환경에 호
강시켜주지는 못할망정 온갖 고생을 시킨 셈이지요. 잘 버텨준
아내가 정말 고맙습니다."

1600평을 매입한 지 얼마 되지 않아 주민들이 내놓은 땅을 또
사라고 해서 1000평짜리를 사 넣고, 다시 900평을 샀다. 얼마 되
지 않았는데 벌써 그의 땅이 3500평이나 됐다. 땅을 갈고 농사짓

기 바쁜 와중에서도 이듬해 그들은 직접 통나무집을 지었다. 연전에 산에서 베어 옮겨 온 낙엽송은 잘 건조돼 있었다. 부부는 바싹 마른 낙엽송 껍질에 물을 뿌려 불린 뒤 낫으로 일일이 벗겨냈다.

통나무집은 귀틀집 형식으로 지었다. 직접 자신의 통나무집을 짓는 과정을 책으로 엮는 등 집짓기에 일가견을 가진 정 신부가 집의 기초를 잡아줬다. 주춧돌을 놓고, 그 위에 기둥을 세우고 통나무들을 우물정자로 쌓아올리고 황토를 이겨 붙였다. 지붕까지 전 과정을 부부의 손으로 직접 작업했다. 난생처음 부부가 온전하게 집 한 채를 지은 것이다.

"집은 누구나 맞닥뜨리면 지을 수 있어요. 마음먹기에 달렸지요. 요즘은 연장이 좋아져서 훨씬 수월합니다. 주춧돌 하나 놓으

면 일사천리입니다. 시작이 절반이란 말이죠. 농촌 집은 열댓 평만 지으면 충분합니다. 생활하다가 부족하다 싶으면 조금씩 달아내면 되고요. 자신이 살 집은 스스로 짓는 것도 보람 있는 일입니다. 제일 안 되고 자신이 없는 부분만 전문가를 찾아 맡기면 됩니다."

그의 집은 울퉁불퉁하다. 하지만 소박한 가운데

서도 튼튼하게 보인다. 그는 돈을 많이 들여 기술자들이 지은 화려한 집은 살면서 쉬 싫증이 날 것이라고 한다. 제 손으로 직접 지어놓으니 조금은 허술하고 고르지 못해도 볼 때마다 새집 같기도 하고, 또 헌 집 같기도 해서 늘 새롭단다.

농사지을 땅을 개간하고 살게 될 집을 지으려니 쉬는 것은 둘째치고 눈코 뜰 새도 없었다. 자연스레 '자연농'이 되었다. 작물과 풀이 섞여 뒤범벅이 되기 일쑤였다. 봄에 이것저것 씨앗을 심어놓고 나중에 풀이 무성해지면 무슨 작물을 어디에 심었는지조차 짐작이 되지 않는 경우도 있었다. 그러면서도 겨울엔 산에서 낙엽을 긁어 와서 퇴비를 만들어 밭에 뿌렸다. 그렇게 3, 4년을 고생하면서 땅을 개간하고 밭을 일궜다.

농사는 주로 콩을 위주로 했다. 수확한 콩을 띄워 청국장으로 만들고 그것을 말려 가루를 내어 판다. 청국장 분말은 부가가치가 높아 그들에게 한때 효자작물 노릇을 톡톡히 했다. 지금은 청국장분말을 하는 농가가 많아 재미를 못 보지만 처음에는 생산이 소비를 따라가지 못해 가격도 괜찮았고 가계에 도움이 됐다. 자급한다고 밭에 여러 작물을 다 심는다. 논농사도 7마지기나 했다.

"동기와 후배들이 일손이 필요할 때마다 몰려와 많은 도움을 줬어요. 해마다 몇 개 팀씩 조를 짜 와서는 손으로 모심기하고 낫으로 벼를 베어내고 탈곡기로 타작을 했습니다. 콩 수확을 도와주기도 했어요. 그들의 든든한 지원이 아니었으면 어떻게 견뎌냈을까 싶어요."

토종닭도 200마리 정도 키웠다. 그냥 자연에 풀어놓으니 자기들끼리 잘 자라주었다. 어디에서 알을 낳는지 관리할 틈도 없었다. 자연스럽게 알을 품어 새끼를 깠다. 어미닭들이 산에서 병아리 떼를 끌고 내려오면 새끼를 낳았는지 알게 되었다. 족제비 등 산짐승도 많았는데 병아리들을 까서 돌아오는 게 신기했다.

"집이 마을 맨 꼭대기에 있어서 산짐승들이 내려와 마당에 들락날락거렸습니다. 그래서 개를 일곱 마리나 키웠지요. 개들 역시 돌볼 틈이 없어 저희들끼리 큰 셈이죠. 개를 풀어놓고 키웠는데 산으로 들어가 꿩도 잡아오고 노루도 잡아왔어요. 칭찬을 해주니 어느 날엔 닭도 물고와 마당에 갖다놓고 칭찬해달라고 쳐다보더라고요."

10년 만에 마을
맨 위에서 입구로

그들 부부는 2010년 비나리마을 맨 위쪽에서 동네 맨 아래 입구 쪽으로 터전을 옮겼다. 살던 집과 농사짓던 땅 대부분을 새로 들어온 귀농자에 인계하고 지금 살고 있는 이곳으로 옮겼다. 정 신부의 통나무집 바로 옆이다. 새로 집을 짓고 집 가까운 곳에 새로운 농지를 구했다. 그래서 지금 2500평 정도 농사를 짓고 있다.

올해는 주로 고추와 콩 농사를 지었다. 속청콩, 메주콩, 검은콩과 참깨, 들깨, 메밀, 감자, 땅콩 농사도 지었다. 소출은 1500만 원에서 2000만 원 정도 예상하고 있다. 농작물 판로는 걱정하지 않는다. 알음알음으로 다 판다. 전화로 주문받고 우체국 택배로 부친다. 그 정도 수입이면 생활하기에 충분하다. 농촌에서 생활비는 크게 들 일이 없다. 봄에 산나물 해서 말려놓고 가을에 김장 해놓으면 일 년 내내 먹는다. 3년 전부터 벼농사가 힘들어서 접었고 쌀은 사서 먹는다.

윤 씨 부부는 농사지으며 평화롭게 살려고 농촌에 들어왔다. 귀농 당시 부인의 건강이 안 좋았다. 특히 기관지가 매우 나빴는데 공기 좋은 데서 여유 있게 살아보자고 한 것이다. 그런데 시작부터 일에 치여 살았다. 처음에는 농사짓는 기술이 없으니 이것저것 일 배우느라 눈코 뜰 새가 없었고, 집 짓는 데 매달려 몇 해가 정신없이 흘렀다. 그러다 보니 일하는 게 버릇이 된 것이다.

"농사를 이렇게 많이 지으려고 생각도 안 했어요. 땅을 1000평 정도만 마련해 집 짓고 농사 조금 짓고 낚시나 다니려고 했죠. 편하게 살고자 귀농했는데 살다 보니 자꾸 일거리를 만들고 결국 일구덩이에 빠졌지요. 무엇보다 오랫동안 저희 농산물을 먹던 사람들이 계속 주문해 오니 어떻게 일을 줄일 수 있겠습니까."

농사에 쫓겨 처음 생각했던 여유를 누리지는 못하지만 성취감으로 벌충했다. 묵은 밭에서 자라난 잡목 한 그루 들어낼 때도, 짓는 집이 형태를 갖춰 갈 때도 뿌듯한 성취감을 느꼈다고 한다. 성취감으로 일이 힘든 줄도 몰랐다. 스스로 지은 집이 완성됐을 때, 그때 맛본 감격은 겪어보지 않는 사람은 결코 알 수 없을 것이란다.

요즘 들어 윤 씨 부부는 가급적 여유를 가지려고 노력한다. 주말에는 부부가 안동으로 나간다. 둘이 나가서 먹고 싶은 것 사 먹고 이곳저곳 돌아다니며 눈요기하고 쇼핑할 것도 하고 들어온다. 농촌에서는 농한기가 돼야 쉰다. 11월부터 서너 달 정도는 온전하게 휴식한다. 동네 사람들과 관광도 가고, 성당에서 성지 순례도 간다. 이웃과 함께 모여 전도 부쳐 먹고 화투놀이도 하면서 논다.

식량자급과 농산물 제값 받기가 화두

윤 씨가 귀농한 지 올해로 18년째다. 행복하다. 온전히 땅에 몸을 밀착시키고 땀 흘리며 노동을 하다 보면 마음이 편안해진다. 이런 행복이 오래갔으면 한다. 그런데 문제는 이 땅의 농업이 백척간두에 내몰리고 있다는 데 있다. 그는 농사만큼이나 농민운동에 매달릴 수밖에 없는 현실이 안타깝다. 그는 가톨릭농민회와 전국농민회에 가입해서 활동한다. 상경 농민시위 등에 여러 차례 참가할 정도로 열성적이다. 절박한 농촌 현실이 여유를 누리려는 그에게 틈을 주지 않는다.

요즘 그에게 식량의 자급과 농산물 제값 받기가 화두다. 먹을 게 천대받는 세상은 이미 병들었다는 것이 그의 생각이다. 정부는 식량자급률을 올려야 하는데 오히려 떨어뜨리는 정책을 쓰고 있다. 휴대폰과 자동차를 수출하기 위해 국민의 생명줄인 농업을 희생시키는 현실이 문제일 수밖에 없다.

"자동차, 휴대폰 팔아먹으려고 농산물을 무차별적으로 수입합니다. 나라 망치는 일입니다. 도대체 위정자들이 국민을 위하는 건지 재벌을 위하는 건지 알 수가 없습니다. 심지어 어떤 대통령은 값싼 쇠고기 수입해 서민에게 먹이는 게 뭐가 잘못됐냐고 역정을 냅니다. 나라의 지도자들이 식량주권을 지키는 농업을 조금도 이해하지 못하는 어처구니없는 일이 벌어지고 있습니다."

이미 세계는 식량전쟁에 돌입해 있다. 글로벌 투기자본이 식량을 갖고 장난을 치는 게 어제오늘 일이 아니다. 우리는 수십 년 전에 그런 아픈 경험을 한 바 있다. 그런데도 식량문제는 늘 도외시한다. 앞으로 식량전쟁에서 살아남으려면 자급자족을 해야 하는데도 해가 갈수록 우리의 자급률은 떨어지고 있다. 이러한 문제를 농민 입장에서 사회적으로 환기시키려 하는 것이 그가 생각하는 농민운동이다.

그는 농민들이 좀 더 조직적으로 돼야 한다고 말한다. 그러기 위해서는 농촌이 처해 있는 현실을 정확하고 냉정하게 인식하는 게 중요하다. 반FTA나 반GMO 투쟁에 나서지만, 왜 싸워야 하는지 구체적으로 아는 이가 드물다. 무엇이 문제인지, 왜 그렇게 됐는지 속속들이 알고 맞서야 대안이 나올 수 있다. 그 대안이 로컬푸드 운동이 되고 친환경 농사가 되어야 한다고 한다. 그는 무엇보다 농민운동의 단위조직 구성원들이 학습하는 자세를 가져야 할 것이라고 강조한다.

"친환경농산물이나 로컬푸드를 단체 급식에 쓸 수 있도록 조례를 만드는 작업에 나설 필요가 있습니다. 몇 해 전 봉화에서도 농민회와 친환경협동조합이 모여서 학교급식에 친환경식재료를 넣으려고 했습니다. 일차적으로 친환경농산물 양이 모자랐습니다. 그래서 초등학교 저학년부터 시도해보자고 했고, 모두가 좋은 생각이라고 했는데 그것으로 끝이었습니다. 더 이상 진척되지 않았어요. 운동의 동력이 부족해서였습니다. 동력을 살리는 길은 농민들 스스로 자각하고 깨치고 그것을 바탕으로 싸우고, 소비자와 연대해나가는 길뿐입니다."

그는 소비자들도 농업문제에 관심을 가져야 한다고 말한다. 식량자급도 농산물 제값 받기도 소비자와 생산자가 연대할 때 가능하다. 소비자들은 자신이 유전자조작식품(GMO)을 먹는지조차 모른다. 그것이 장기적으로 인체에 어떤 악영향을 미칠지도 모르는데도 정부에서는 표기를 못하게 막는다. 우리의 농정도 돈의 논리에 놀아나고 있고 자본의 하수인 노릇을 하고 있다. 도시 소비자와 농촌 생산자가 힘을 합쳐 안전하고 건강한 먹거리에 대한 목표와 가치를 공유하고 운동으로 승화시켜야 한다.

"소비자들도 빛깔 좋고 큰 농산물만 찾을 게 아니라 지역에서 난 안전한 먹거리를 먹어야 합니다. 커피 한 잔에 5000, 6000원 하는데 쌀 20kg에 4만, 5만 원밖에 안 합니다. 소비자들은 몇십만 원 하는 공산품이나 기호품의 가격 변동에는 너그러우면서 쌀값 몇천 원 오르는 것에는 신경을 곤두세웁니다. 농민들이 왜 소를 몰고 경운기를 끌고 여의도 광장에 집결하는지, 논밭을 갈아엎고 절규하는지 관심을 갖고 지켜볼 수 있어야 합니다. 농업이 거덜 나면 우리의 식량체계가 무너지고, 그 일차적 피해자는 도시 소비자가 될 겁니다. 오늘의 절박한 농촌 현실이 결코 남의 일이 아닙니다. 조금이라도 농민을 이해하려는 연대의식이 절실히 요청됩니다."

귀농이란

윤길학

귀농! 얘기만 들어도 자다가 벌떡 일어나 이야기할 만큼 사랑하는 단어이고 내 삶 깊숙이 자리 잡은 아주 소중한 나의 동반자입니다. 이제나 이루어질까! 저제나 이루어질까? 내가 갈 곳은 어디일까? 인연의 땅이 있다는데 1년여를 길바닥에 깔며 돌아다녀도 새로운 삶의 터전이 보이지를 않았습니다. 부산귀농학교를 수료함과 동시에 서광이 비추어 따라와 보니 지금의 이곳 인연의 땅, 봉화였습니다.

땅을 찾아다닐 때도 무슨 작물을 심을까, 무슨 집을 지을까 고민하지 않고 오직 땅을, 인연만 찾았지요. 요즈음은 많은 정보가 있고 많은 동문들이 있기에 여기저기 알아보고 원하는 곳을 택할 수도 있지만… 그러나 원하는 곳이라고 인연이 되는 것은 아니고 누구인가 미리 인연의 땅을 접지해둔 것 같습니다.

인연의 땅이 아니어서 다시 다른 곳을 찾느라고 고생하는 분들도 있습니다. 급하게 서두르다가 땅을 빌려서 귀농한 분들도 있고, 헐어가는 집을 빌려 수리하여 살아가는 분들도 있고요. 몇 년간 돌 주워내고 거름 넣어 땅이 살고 농사가 된다 싶으면 땅주인이 이제 자기가 농사를 해야겠으니 땅을 돌려달라고 하고, 집도 사람이 살만하게 해놓으면 돌려달라고 하니 이런 억울할 데가 어디 있습니까?

우리 동문들 중에도 이런 일을 겪은 분들이 있을 것입니다. 땅을 구입하여도 경치만 따지고 도시에 비해 무지 싸니 그냥 급히 계약해버려, 가꾸는데 몸과 비용이 많이 들어가 고생하게 되고… 하여간 우리 주위에 보면 이런 일들이 허다한데 참으로 안타깝지요. 앞으로 이런 일이 없어야겠습니다.

무식하면 용감하다고 긴 기간 동안 고민은 간단하게 명료하게 했고, 오래 하려고 해도 아는 것이 있어야 길게 할 것 아닙니까. 그렇다고 되는 대로는 아니지요. 기본 생각은 귀농학교의 가르침을 철저히 따르기로 했습니다. 땅을 살 때는 묵어 있는 땅을 사는 게 유기농하기 좋다고 하여 묵은 땅을 구입하고, 집은 우선 사람이 살만한 집이면 족하다고 생각해 낡은 집을 빌려 조금 손보니 그럴듯하대요.

집을 지을 때는 땅 주위에 있는 자재를 사용하면 돈도 안 들고 집도 좋다하여 그렇게 하였더니 역시나 좋더군요. 저희 집에 와보신 분은 아시겠지만 집이 나쁩니까? 아니면 땅이 나쁩디까? 아니지요. 귀농학교 강사님들 강의내용 대로만 하면 별 탈 없이 어느 정도의 귀농은 무리가 없는 것 같아요.

너무 오랫동안 고민한 사람 치고 귀농한 꼴을 못 봤습니다. 이리 재고 저리 재고 끝내는 나는 귀농 체질이 아니다. 이게 오랫동안 고민한 결과입니다. 혹, 우리 동문님 중에도 이런 분이 계실까요? 물론 우리 학교에는 없겠지요. 있다면 나와 이야기 좀 해볼까요? 바로 가는 길이 있는데…

귀농하면 텃세가 만만찮더라, 사람 깔보더라, 이런 경우도 있는데 이런 경우는 본인하기 나름입니다. 괜히 기죽을 일 없어요. 가슴을 쫙 펴고 당당하게 귀농했으니 잘해보자고 큰 목소리로 이야기하면 박수받을 것입니다. 무슨 죄진 것도 아니고 땅살림 하겠다는데, 자연과 더불어 살겠다는데, 누가 뭐랍니까? 한 번 기죽으면 두 번 기죽게 되고 한 번 기 살면 앞으로 불편 없으니 알아서 하시도록. 오랜만에 글 쓰려니 잘 안 되네요. 그래도 끝까지 잘 읽어주시기를 바라며 오늘은 여기까지만…

- 부산귀농학교 소식지 『아름다운 삶』 2005년 5·6월호

농사, 행복을
찾아가는 구도의 길

거창 웅양 이춘일

추석 단대목이 마음에 걸렸지만 염치불구하고 전화를 했다. 사과와 포도 농사를 짓는 그에게 일 년 중 가장 바쁜 철임을 모르는 바 아니지만 출판 일정에 쫓겨 어쩔 수 없었다. 그는 흔쾌히 약속을 잡아줬다. 거창군 웅양면 노현리 1496. 그가 안내한 곳에 도착했다. 커다란 농산물 창고가 낯익었다. 이 지역 친환경 과수 농가들이 만든 '유기농밸리창고'다. 지난해 가을 귀농학교 동문 몇몇과 일손을 도우러 왔을 때 작업했던 현장이다.

잠시 숨을 돌리는 사이 이춘일 씨가 부인 고춘남 씨와 함께 나타났다. 바쁜 기색이 역력했다. 인터뷰 전에 작업을 잠깐 해야 한다며 양해를 구해왔다. 천만의 말씀, 앞뒤 안 가리고 찾아온 이가 오히려 죄송해야 할 일이다. 오늘 받은 주문량을 종이박스에 담는 작업이었다. 함께 간 아들과 손을 보탰다. 담기 작업을 끝낸 그는 부인에게 마무리를 부탁하고 자리를 옮기자고 했다.

차로 5분 정도 달려간 곳은 면소재지 맞은편 동호마을 앞 솔숲이었다. 동호숲으로 불리는 솔숲의 규모는 하동 송림 못잖았다. 아름드리 소나무들이 수려한 자태를 뽐내며 쭉쭉 뻗어 오른 모습이 장관을 이뤘다. 동호마을에 세거하고 있는 연안이씨 집안에서 조성하고 관리해온 문중 숲이다. 소나무 그늘 아래서 그

와 이야기를 나누는 사이 따가운 초가을 햇살이 솔잎 떨어지듯
쏟아져 내렸다.

삶을 흔들어놓은
헬렌 니어링의 책

그의 귀농은 극적이다. 서른 무렵 읽은 책 한 권이 그의 삶을 온통 흔들어놓았다. 당시 그는 부산의 한 마트에서 직원으로 일했다. 어느 날 후배 사원이 의령 자기 집에 농사지으러 간다며 사표를 냈다. 황당했다. 가진 것 없지만 도시에서 열심히 일하면 잘 먹고 잘살 수 있는데 새파랗게 젊은 사람이 왜 농사지으러 가는가 하는 생각이 들었다. 마치 그 후배가 미래를 포기한 것으로 느껴졌다.

그런데 단 며칠 새 그의 생각이 180도 바뀐다. 『아름다운 삶, 사랑 그리고 마무리』. 헬렌 니어링 부부의 삶을 다룬 책을 만난 것이다. 그는 단숨에 그 책을 읽고, 지금껏 살아온 자신의 삶을 되돌아봤다. 60까지는 열심히 일하고, 은퇴한 뒤 시골에 가서 여유 있게 사는 게 그의 꿈이었다.

"니어링 부부의 삶을 읽으면서 엄청난 충격을 받았어요. 그 책을 읽고 내린 결론은 지금 당장 행복할 수 있는데 왜 60까지 기다려야 하는가였습니다. 먼 미래에 있을 행복을 위해 지금의 삶을 담보 잡힐 게 아니라 당장 그 행복을 찾아 나서면 되겠구나 하는 생각이 머리를 쳤지요. 그 순간 농촌으로 들어갈 작정을 했어요. 그때부터 귀농이나 생태와 관련된 책들을 잡히는 대로 읽었습니다."

농촌으로 들어가는 게 최선의 삶이라는 생각을 굳히고 귀농한 선배들의 도움을 받아보겠다는 생각으로 부산귀농학교에 들어갔다. 2000년 가을, 8기였습니다. 귀농학교 수업 듣는 것 외에 귀농을 위해 특별하게 준비한 것은 없었다. 어떤 이들은 농촌생활에 필요한 자격증을 딴다고들 했지만, 그는 욕심을 줄이는 게 귀농 준비라고 여겼다. 식생활을 바꿨다. 지금과 같이 먹고살다 보면 실패할 것이란 생각이 들어 1년 동안 채식을 했다.

그에 앞서 2000년 1월 직장에 사표를 내고 귀농지를 물색했다. 전남 순천시 승주읍 도정리에서 자연농을 하는 한원식 선생을 찾아갔다. 선생의 사는 모습을 보면서 귀농의 형태를 자연농, 즉 자족농으로 잡았다. 농사지어 나는 대로 얻고 만족하는 삶을 살기로 했다. 남으면 나눠 먹고 없으면 없는 대로 먹고, 온전히 자연에 기대 자연이 주는 만큼 먹고 산다. 한 선생은 농산물을 사고팔지 않는다. 어찌 생명에 등급과 값을 매길 수 있고 생명을 사고판다는 말인가 하는 것이었다. 그가 한 선생 집에서 머문 일주일은 강렬한 기억이 됐다. 선생이 생각하는 기본적 삶의 원칙, 농사의 원칙은 감동적이었고 급기야 불화살이 돼 그의 가슴 깊숙이 꽂혔다.

"한 선생님은 항상 행동하고 경험한 것만 이야기했어요. 보통 사람들은 선생이 사는 모습은 좋은데 직접 살아보라고 하면 십중팔구 나는 저렇게는 못 살겠다고 해요. 저는 삶의 모델을 찾은 것 같았어요."

그는 선생에게 이것저것 자신의 처한 처지를 의논했다. 아직 결혼은 하지 않았고, 어머니가 치매가 와서 모시고 있다고 밝혔

다. 결혼한 누님 부부와 같이 어머니를 모시는데, 자신이 빠져나오면 누님 부부가 어머니를 떠맡아야 한다며 의견을 구했다. 선생은 그럼 좀 더 기다리다 오는 게 낫겠다는 것이었다.

그때 그는 부인과 연애 중이었는데, 귀농문제에 대해 상당 부분 생각을 같이했다. 그의 부인은 중학교까지 시골에서 생활하며 농사일을 도운 경험이 있었다. 나이 들면 시골에 가서 산다는 생각을 갖고 있었고, 그래서 귀농도 거부감 없이 담담하게 받아들였다. 그래서 그들은 돈을 좀 더 벌어서 귀농하자고 합의했다.

그들은 2003년 1월에 결혼했다. 그는 결혼과 함께 분가해 신혼생활을 했고, 그의 누님 집에 있던 모친이 더 편찮아져 요양병원으로 모셨다. 한 달쯤 지나 요양병원에 가보니 어머니 모습이 너무 안 좋아 보였다. 집에서 모실 때와 크게 비교가 됐다. 마음이 너무 아팠다.

"집사람에게 어머니가 요양병원에서 돌아가시면 평생 후회할 것 같다고 했어요. 우리가 시골에 들어가 어머니 모시자고 했습니다. 순천 한 선생님을 찾아가 집 알아보고 2004년 3월에 귀농했어요. 어머니를 모시는 동안 저와 아내가 온갖 수발 다했어요. 하지만 일 년을 채 모시지 못하고 돌아가셨습니다."

가난했지만 행복한
순천에서의 자족농

농사는 자족농, 그들 표현으로 '밥상농사'를 지었다. 밥상에 오르는 모든 작물을 다 길렀다. 40, 50가지나 됐다. 없으면 안 먹고 있으면 먹었다. 양파가 떨어지면 쪽파나 잔파를 먹었고 마늘이 떨어지면 안 먹었다. 당시 한 선생을 찾아온 여섯 가구가 가까운 곳에 모여 살았다. 서로 모자라는 것은 나눠 먹었지만 결코 시중에서 사서 먹지는 않았다.

자연농으로 농사지으니 돈 들 일이 없었다. 농사지을 때 밭을 갈지 않으니 기계 쓸 일이 없고 똥오줌을 쓰니 비료 퇴비를 사 쓸 필요가 없었다. 있는 대로 심고 정성껏 가꿔서 주는 만큼 족하는 삶을 원칙으로 농사를 지었다.

"밭도 묵힌 밭을 얻었고, 집도 주인집의 산소를 벌초해주고 그냥 얻어서 살았습니다. 농사비용이 들어가지 않았죠. 씨앗도 선생과 친구에게서 얻었고요. 얼마가 들어갔는지 계산 자체가 없으니, 그 밭에서 나는 것만 해도 감사하게 받아들일 수 있었습니다. 더 잘해야 한다, 굳이 뭘 해야 한다는 게 없었습니다."

그들의 승주 생활은 행복했다. 물질적으로는 가난했지만 정신적으로는 충만한 나날을 보냈다. 자연 속에서 땀 흘려 일하면서 누리는 충족감, 하루 일을 끝내고 잠자리에 들 때 느끼는 평화로움, 도시 생활에서 결코 누릴 수 없던 삶이었다. 그들의 정신은 고양되었고 마음은 풍요로웠다.

"집사람은 결혼 전에 명상을 추구하는 삶을 살았고 저는 운동을 좋아했습니다. 하루를, 일주일을 의미 있게 보내려면 무언가를 해야 하는 도시와는 다르게 이곳 시골에서는 따로 명상이나 운동이 필요하지 않았습니다. 한 알, 두 알 정성스레 씨 뿌리는 그 순간이 바로 명상이 되고, 뙤약볕에 앉아 김매기를 하는 것이 운동이었습니다."

그렇게 3년을 승주에서 살았다. 2006년 12월에 나왔으니 그곳에서 자족농 농사를 세 번 지은 셈이다. 그의 가족은 다시 부산으로 돌아왔다. 수중에 돈이 떨어져서였다. 생활을 위해 한 달에 최소한 30만, 40만 원이 들었다. 농사비용은 안 들었지만 애들도 있고 차를 가지고 있었다. 우선 차 밑에 15만 원 정도 들어갔다. 한해 400만 원쯤 쓴 셈이다. 벌이가 없어서 품팔이를 했다. 일 년에 200만 원밖에 못 버니 해마다 200만 원 정도 적자가 났다. 결국 2006년 여름, 통장 잔고가 바닥이 났다. 돈이 떨어지니 고민이 많이 됐다.

"집사람은 된장과 꿀, 산야초 효소도 만들어 팔자고 하더군요. 그렇게 살면 선생님 밑에서 상업농사를 해야 하는데 저는 그것은 도저히 못하겠다고 했어요. 농사로 살고 싶은데, 농사로 연명하려면 돈을 만들어야 되는 난관에 봉착한 것이지요. 선생님 밑에서는 미안하고 죄스러워 상업농 못하겠습디다. 그래서 순천을 떠나자는 결론을 내렸고, 고흥, 강진, 해남, 성주 등 살 곳을 알아봤지요."

그런데 마침 전에 일하던 직장에서 땅 살 돈 모을 때까지 와서 일을 해달라고 해서 부산으로 다시 들어갔다. 그게 2007년 1월의 일이다. 땅 사고 정착할 만큼 돈을 벌려고 했지만, 이미 촌맛을 알아버려 도시에서 사는 게 하루하루가 고통스러웠다. 그는 마트에서 구매 업무를 담당했는데 예전엔 영업사원들이 물건 값을 후려쳐 반으로 깎곤 했다. 상대의 약점을 파고들어 싼값에 구매하는 능력 있는 직원이란 소릴 들었다. 그런데 농촌에서 생활하다가 다시 그 짓을 하지 못하겠더란다. 저 사람도 부인과 아이들 딸려 있을 텐데 하는 생각에 야박하게 굴지 못했다.

"사장이 물건 값을 마구잡이로 깎는 꼴이 보기 싫었어요. 또 모든 생활이 돈에 결부되는 게 마음을 무겁게 했어요. 순천에 살 때는 서로 만나면 생명과 작물 이야기만 했습니다. 감자는 어떻게 키워 수확해 갈무리하고 저장하는지, 음식을 어떻게 조리하는지 등에 대한 이야기만 하다 돈으로 짜여 들어가니 스트레스가 엄청났지요. 집사람도 알바를 했는데 함께 일하는 아주머니들이 툭하면 신랑 욕하고, 선생 욕하고, 아이 자랑하는 통에 대화도 안 되고 적응하지 못했지요."

그렇게 7개월 정도를 참았다. 결국은 돈을 위해 하루하루 매여 살다가는, 죽는 날 가장 후회될 게 아닌가 하는 생각이 들면서 정신이 번쩍 들었다. 행복하지 못한 삶을 살았던 것을 후회할 것 같았다. 단 하루라도 후회되지 않는 삶을 살고 싶었다. 억만금은 준다고 해도 다시는 도시로 돌아가지 않겠다고 결심하고 귀농지 물색에 나섰다.

먹고살기 위해
'파는 농업'의 길로

먹고살려면 농사를 지어 물건을 팔아야 하고, 그렇게 하기 위해서는 아는 이들이 많은 부산 가까운 곳에 자리 잡아야 했다. 그래서 귀농할 장소는 경남으로 한정했다. 여러 곳을 물색하고 다녔다. 당시 지자체들은 귀농자들을 유치하기 위해 각종 지원을 내놓기 시작할 무렵이었다.

이곳저곳을 비교해보니 거창군이 가장 많은 지원을 했다. 농자재구입비 500만 원, 집수리비 300만 원, 셋째아이를 낳으면 매달 20만 원씩 5년 동안 1200만 원을 지원해준다고 해서 마음이 끌렸다. 마침 그들 부부는 셋째를 가질 계획을 가지고 있었고, 다자녀를 지원하는 거창을 선택했다.

처음엔 주상면 쪽에 빈집을 빌려 살면서 웅양면에 있는 포도밭 1000평을 임대해 농사를 지었다. 포도농사는 처음이었다. 무농약 친환경농사를 권유받았지만 이 밭에서 네 식구 먹고살 게 나와야 한다는 생각에 첫해는 관행대로 했다. 둘째 해부터 무농

약으로 농사지었다. 2007년 가을에 들어와 가을걷이하는데 품을 팔고 농지원부를 만들었다. 농촌공사를 찾으니 젊은 농가에서 쌀 전업농을 하면 2% 이자로 30년간 장기융자가 가능하다며 권했다. 그래서 논농사 13마지기와 포도농사를 같이했다.

"농촌공사 담당자에게 농자금에 대해 물어보니 규정집 보면서 이런저런 경우를 설명해줍디다. 상담하고 나서 일어서서 나오려다가 다시 자리를 고쳐 앉고 제 이야길 했지요. 애 둘 데리고 집사람과 농사지으려 들어왔다면서요. 3년간 순천서 농사짓다가 이곳으로 왔는데 도움받을 방법이 없느냐고 진심으로 물어봤죠. 그랬더니 규정을 넘어서 할 수 있는 방법들을 다 이야기해주더군요."

그게 인연이 됐다. 그 뒤부터 일주일에 한 번씩 전화가 왔다. 이러이러한 땅이 나왔는데 생각이 있느냐 묻곤 했다. 그렇게 해서 지금 그가 집 짓고 사과밭으로 일군 땅 700평을 샀다. 집은 직접 지었다. 2008년 첫해 농사지어 그 땅을 사는데 가지고 있던 돈을 다 털어넣었다. 땅만 덜렁 사놓았지 돈이 없었다.

그때 동문 한 사람이 찾아와 뭐 도와줄 게 없나 물어왔다. 그는 자신의 상황을 알고 이야기하는 것 같아 1000만 원만 빌려주면 집을 지어보겠다고 했다. 그렇게 빌린 돈으로 천만 원짜리 집을 지었다. 집 20평과 집에 붙은 창고 20평이다. 그동안 모아놓은 것, 얻어 오고 주워 온 중고자재로 집을 지었다. 모든 건축자재를 재활용했다는 점에서 그의 집은 어떤 건축물보다 생태적이다. 2009년 2월부터 8월까지 7개월 동안 집짓기를 했다. 포도농사, 사과밭 조성과 집짓기를 동시에 한 셈이다. 그나마 논농사를 포기한 게 다행이었다.

"제가 직접 지었지만 별 하자는 없습니다. 수도, 전기, 배관, 싱크대, 상하수도, 조적, 타일, 화장실 등 모든 걸 기술자 한 명 안 불렀어요. 집 지어본 경험은 없었지만 자신이 있었습니다. 평소 눈썰미도 있고 손재주도 있단 소릴 들었지요. 직접 집을 짓겠다고 마음먹고선 인터넷을 뒤지고 운전하다가 집 짓는 곳 있으면 들어가 현장을 찬찬히 살폈어요. 당시 결로 문제는 공부를 못해 요즘 들어 보강하고 있습니다."

열심히 사는것 넘어
이웃도 생각하다

2009년에 집 짓고 2010년도에 돈을 빌려서 포도밭에 비닐 씌우는 작업을 했다. 그해 겨울 너무 추워서 포도나무가 다 죽었다. 2월에 시설을 완료했는데 이미 그전에 동해를 입었다. 영하의 날씨가 한 달 가까이 계속되면서 얼었다. 무농약 재배한다고 양분도 제대로 공급하지 않았고 바로 아래 연못이 있어 안개 피해도 있었다. 웅양면의 포도밭 50%가 고사하고 그의 밭은 90%가 고사했다.

봄이 돼도 순이 안 나왔다. 돈을 빌려 시설을 했는데 다 죽어버린 것이다. 이 포도밭에서 나오는 1500만 원으로 식구들이 일 년 먹고살았는데, 막막했다. 하지만 그때 비로소 정착했다는 생각이 들었다. 내 집 있고 내 땅 있는 여기서 어떻게든 살면 된다고. 포도가 죽어버렸으니 그해는 농사를 접고 노가다 하고 다녔다. 주로 남의 밭에 시설을 해주는 일을 했다.

2011년 들어선 사과밭과 포도밭을 더 빌리면서 본격적으로 농사를 지었다. 일이 많아지자 자연히 일손이 달렸다. 그래서 달의 움직임에 따라 달밤농사와 새벽농사를 지었다. 달빛 아래서 퇴비를 뿌렸다. 상현 때는 밤 10시까지 일하고, 보름 지나선 일찍 자고 새벽에 일어나 일했다. 세세한 일은 낮에 하고, 막 해도 되는 일은 남겨놓았다가 밤에 했다. 요즘도 급하면 그렇게 일한다.

"밤낮으로 일하면 저 사람 식구를 위해 정말 열심히 일한다는 이야기는 들을 수 있겠죠. 저는 일만 열심히 하는 사람이란 이야기는 듣고 싶지 않았어요. 제 것만 챙기는 사람이 아니라는 이야기를 듣고 싶었습니다. 집도 사고 땅도 사고 농사도 이 정도면 됐다고 생각했어요. 이제 정착했으니까 저 이외의 다른 이들, 지역사회에 도움이 되자는 생각이 들었습니다."

　그가 처음 시작한 일은 사라져가는 세시풍속을 되살리는 일
이었다. 요즘은 농촌에서도 설 대보름 단오 추석을 제외하곤 잘
모른다. 동제, 회취, 영동제, 삼짓날, 상달 등은 나이 많으신 노인
들이나 알고 있는 정도다. 그는 동네 어른들에게 잊혀가는 고유
풍속들을 젊은이들에게 물려달라고 부탁했다. 이제 그가 사는
송산마을은 다양한 세시풍속을 마을 사람 전체가 참여해서 즐긴
다. 그 뒤부터 그는 지역 활동에 열심히 참여했다. 한살림 청년활
동과 지역 환경농업단체 사무국장 일도 하고, 지금은 홍준표 경
남도지사 주민소환 거창군 공동대표를 맡아 활동한다.
　"세월호 사건이 나고 이제는 가만있어서는 안 된다고 생각했
어요. 우리 목소리를 내지 않으면 자기발전을 이룰 수 없고, 언제
우리의 삶이 세월호처럼 가라앉을지도 모른다는 것을 깨달은 거
지요. 하지만 직접 행동으로 나서지는 못했어요. 어쨌든 내가 할

수 있는 역할을 해보자고 마음먹고 있었는데 무상급식 문제가 터진 것입니다. 그때부터 적극적으로 나서기 시작했죠."

　농촌 학교교육에 대한 부모들의 만족도는 대체적으로 높은 편이다. 귀농하는 이들 중에는 자녀 교육 문제 때문에 오는 이들도 많다. 도시보다 교육환경이 좋다고 보는 것이다. 젊은 귀농자들은 자연 속에서 아이들을 키우면서 자연친화적으로 자라나고 동심이 살아나길 바란다. 하지만 결국 자기특기를 발휘하거나 공부를 잘해서 남들보다 좋은 학교에 진학가기를 원한다. 이율배반이다.

　"저는 자본주의에 적응하는 게 아니라 인정하기 싫어서 귀농했어요. 우리 아이들을 역시 자본주의 경쟁체제에 잘 적응해 법대나 의대 나와 변호사 의사 되는 걸 바라지 않습니다. 아이들이 경쟁상황에 잘 적응해 남을 밟고 출세하는 것, 그런 세상은 올바르지 않다고 생각합니다. 제 아이들이 그렇게 될 리도 만무하겠지만, 뒤처질 수밖에 없는 대다수의 아이들은 뭡니까? 저희 아이들이 남들보다 앞서거나 뛰어나기를 바라지는 않습니다. 저는 그들이 살고 싶은 세상을 만드는 데 더 많은 시간을 보냈으면 합니다. 거창에는 명문고가 몇 있는데 이들 학교 바라보고 들어오는 사람도 많지요. 자기는 자본주의 경쟁체제가 싫어서 들어왔으면서 아이들에게는 능력 있는 인간이 되길 바라는 것은 모순입니다. 제 세 아이는 자연에 순응하면서 자랐으면 합니다."

소득 늘자 농사에 대한
욕심 많아져 고민

그가 현재 짓고 있는 농사 규모는 사과 3000평, 포도 1000평으로 모두 4000평이다. 사과는 저농약, 포도는 무농약으로 재배한다. 지난해 매출은 6000만 원쯤 됐다. 사과에서 4500만 원 정도, 포도에서 1500만 원이 나왔다. 올해는 더 많은 소득이 예상된다. 포도는 전량 한살림에, 사과는 60% 한살림 40%는 개인택배로 나간다. 과수농사 외에 집에 20평 정도 텃밭을 하면서 먹거리를 자체 조달한다. 그는 논농사를 못해서 미안한 마음이 든다고 한다. 여유가 생기면 그의 식구가 먹을 쌀은 직접 농사지을 생각이다.

"매출이 6000만 원이면 4000만 원은 남아요. 농촌에선 4000만 원이면 많은 돈입니다. 도시와 돈의 비중이 다릅니다. 생활하는데 전혀 문제가 없고 오히려 남아요. 과수 농가엔 7, 8월이 보릿고개지만 8월에도 통장 잔고가 1000만 원이나 됐습니다. 여유분으로 집수리도 하고, 아이들 위해 저축도 할 작정이고요. 농사에 대한 욕심이 자꾸 피어납니다. 그 욕심을 줄이려고 애쓰고 있습니다."

처음 귀농할 당시 꿈꿨던 것과는 괴리가 있는 삶이다. 그는 자족농이 그립다. 특히 그의 부인은 순천에서의 생활이 너무 행복했다 한다. 그는 아이들이 스무 살은 넘어야 상업농을 접을 수 있지 않겠나 하고 생각한다.

거창에는 귀농자들이 많다. 부산귀농학교 출신도 열 가정쯤 되고 연고 없이 귀농한 사람, 귀향도 많다. 그가 귀농한 2007, 2008년도엔 연고 없이 들어온 사람들이 웅양면을 중심으로 귀농모임을 가졌다. 처음에는 대여섯 가정이 아이들까지 다 모였다. 집집마다 돌아다니면서 두세 달에 한 번씩 모여 밥 먹고 술 먹고 살아가는 이야기를 나눴다. 그런데 귀농자들이 점차 늘어나 숫자가 너무 많아지자 모일 장소를 구하기 어려웠다. 게다가 다들 농사일에 적응하면서 바빠지다 보니 모임이 뜸해졌다.

"몇 해 전에 합천에 있던 서석태 형이 이곳으로 옮겨 왔어요. 너무 좋았어요. 형이 방향을 잡아주면 뒷일은 제가 하겠다고 했지요. 그래서 귀농자 모임이 다시 재건됐어요. 김천에 계신 12기 강용성 회장, 함양에 있는 젊은 귀농자들, 합천의 강성진 씨 등이 모였어요. 겨울엔 집집마다 돌아다니며 공부도 하고 기타도 배웠습니다. 그런데 석태 형이 갑자기 세상을 뜨면서 판이 깨졌어요. 지금은 겨우 저와 두세 사람만 모임을 이어가고 있는 상황입니다."

행복할 수 있는
최고의 조건은 농사

그에게 마지막으로 농업에 대한 비전을 물었다. 그는 권해드릴 게 없다고 답했다. 지금은 사과농사로 먹고살고, 남기도 하지만 얼마나 더 갈지 알 수 없다는 거다.

"예전엔 이곳에선 포도가 잘됐습니다. 칠레와 FTA하기 전인 1980년대엔 포도 한 송이에 600원 했는데, 지금은 400원입니다.

위정자들에게 묻고 싶어요. 30년 전보다 가격이 떨어진 현실이 정상인지. 그때는 포도 한 마지기 농사지으면 포도밭 한 마지기 샀다고 해요. 도시로 공부하러 나갔던 젊은이들이 포도농사 지으러 고향으로 돌아왔지요. 칠레와 FTA 이후 포도농사는 고사 직전의 상태로 30년을 끌어왔습니다. 사과 농사도 그렇게 되지 않으리란 보장이 없어요."

하지만 그는 주어진 삶에 최선을 다하고 싶다. 척박한 현실 속에서도 열심히 일하면서 온전한 삶을 누리고 싶다. 그의 농사는 궁극적으로 행복한 삶에 맞춰져 있다. 농사를 짓고 있지만 농사가 목적은 아니다. 그는 스스로 행복할 수 있는 최고의 생활조건이 농사라는 믿음에는 변화가 없다. 그는 자족농으로 돌아가고 싶다. 현실과의 괴리감을 느낄 때 더욱 그렇다. 씨앗을 뿌리다가도, 김매기를 하다가도 순간순간 희열과 행복을 느끼는 삶을 꿈꾼다. 그에게 농사는 구도의 길이다.

달빛 아래서 나무와 춤추다

이춘일

찬 기운 가득하고 맑고 밝은 달빛이다. 이른 저녁을 먹고, 보름을 기다려 미뤄온 가지치기를 한다. 달빛 아래서 달빛과 놀았다. 저번 보름엔 퇴비작업을 마쳤다. 그래도 늦은 밤에 일할 수 있는 건 사과밭이 바로 집 옆에 있다는 것이다. 문전옥답이라…

포도 가지치기는 지난달 음력 20일쯤에 끝냈다. 새벽 4시고 5시고 간에 두툼하게 차려입고 나가면 밝은 빛이 서쪽 하늘에서 아직 빛나고 있다. 이맘때는 해뜨기 전 6시쯤 되면 젤 어둡다. 달은 기울고 해는 동녘 하늘만 발그스레해지기 때문이다. 해가 떠 밝아지면 다시 다른 일을 해나간다. 가지치기쯤은 내일 새벽에도 할 수 있기 때문이다.

거창으로 와서는 많은 일을 벌여놓았고 나름 흐뭇한 과정과 결과를 이루어내고 있다. 올해도 어김없이 큰 건(?)을 터트려놓은 상태이다. 오로지 농사로서 이 땅에 뿌리내리겠다는 마음으로 그동안을 지내왔다. 벌써 4년째 온 힘을 다 쏟아내고 있다. 포도, 사과밭의 환경, 집공사 마무리, 저온창고, 창고, 텃밭, 퇴비사 등등 남아 있는 일만 처리하면 갖추어야 할 모든 시스템을 다 갖추게 되는 셈이다. 이 모든 걸 기냥 쓰~윽 한번 만들어볼까나.

낫만 쓰다가 밭을 갈려다 보니 괭이를 찾게 되고 밭이 넓다 보니 기계도 필요하고, 수확하자니 체도 필요하고 소쿠리도 필요하고 덕석도 사야하고 이것저것 벌여놓다 보니 물건들이 늘어난다. 하나같이 요긴하고 꼭 필요한 것들이다. 이것저것 구입하니 돈도 필요하고 그러다 보니 농사도 늘어나야 하고…

  좀 한다는 사람들은 만 평을 넘어선다. 논농사까지 합쳐서는 5000평 정도는 다들 하고 있는 중이다. 이 정도 규모가 있어야 이것도 하고 저것도 할 수 있다. 먼 훗날 대비는 몰라도 당장에 아이들 학비 대고 출가시키려면 이 정도도 모자라서 이밭 저밭 품팔이도 나가야 하는 실정이다.

  한 가정에서 할 수 있는 농사의 규모는 그리 크지 않다. 하우스 한두 동, 과수 1000, 2000평 정도일까? 그 이상을 넘어서면 많은 품을 사야 하고 관리기부터 트랙터, ss기 등의 장비를 구비해야 한다. 매출은 수천만 원을 넘을지는 몰라도 빚은 아마 억대가 넘지 않을까.

  지난겨울의 중턱에서 내 삶의 모습을 되돌아보았다. 너무 바쁘게만 살아가는 건 아닌지 궁금해졌고, 주변에서 건강걱정을 해주시는 분들도 많았다. 이러가는 재미가 꽤 쏠쏠하고, 건강은 뭐 별로 힘든 것도 없지만 맞는 말이긴 하다.

  내 삶의 쳇바퀴 속에서 내 스스로가 통제력을 가지고 있는지, 나는 지금 평화로운지, 나는 오늘 행복했는지, 내일 역시 자유로울 수 있는지, 내 삶의 방향을 오늘도 잃어버리지 않고 있는지, 어쩔 수 없어서 빠져나올 수 없어서 해나가는 것이 아니라 내가 꿈꾸고 있는 삶을 위한 오늘이 되고 있는지…

  진지하게 되물어본다. 지난겨울 선생님의 말씀 속에서 나는 지금 평화를 느끼고 있다. 오늘도 달빛이 그윽하다.

- 부산귀농학교 홈페이지 자유게시판, 2011. 3. 18

'지속가능한 농사'
자부심으로

통영 사량도 김형규

김형규 씨와 귀농학교 일로 자주 만나면서 그의 말이 매우 논리정연하다는 생각을 갖게 됐다. 뜻을 전달하려는 의욕이 앞서 말머리가 급해지는 그의 말투에서 처음엔 두서없다는 느낌을 받았는데 그게 아니었다. 지난 몇 해 동안 지켜본 그의 말은 주장이 일관되고 이론과 현장의 경험이 잘 버무려져 있다. 토론에 대한 열정은 젊은이 못잖다.

'천하의 대본'이
흔들리는 세상

그는 특유의 말투로 후기 자본주의 시대를 겪는 우리 농사 판의 현실에 대해 포문을 열었다. 돈이 지배하는 농업이 1차적 생산자인 농민의 삶을 어떻게 소비자의 삶으로 왜곡시켜버렸는가에 대한 지적이었다.

"이제 우리 농업, 농적인 삶에서 개인이 자급할 수 있는 영역은 사라졌습니다. 한 농가가 자신의 노동력으로 온전하게 자급하는 게 불가능하게 됐다는 말입니다. 가령 밀을, 가족이 먹을 정도로 농사지었는데 그것을 밥상에 올릴 방법이 없어졌다는 거죠. 예전에는 가정에서 밀가루로 가공해 먹었는데 지금은 그렇게 할 수 없습니다. 농사가 스스로의 생존을 위한 게 아니라 팔기 위한 것으로 바뀌었기 때문이지요. 원료는 생산하지만 식품은 사 먹어야 하는 시스템으로, 자급자족이 불가능한 현실이 되어버린 겁니다."

팔기 위한 농사는 먹거리를 철저하게 상품화했다. 역사적 · 문화적 배경을 가진 음식의 신성함이 공장의 생산 라인에서 나오는 공산품처럼 물화된 것이 오늘의 농사 현실이란 거다. 그것을 자본의 입장에서 보면 발전하고 성장한 것이라고 할지는 모른다. 하지만 산업이 발전하는 과정에서 농업도 분화하고 기계화되면서 '천하의 대본'의 자리에서 밀려나 흥정거리가 돼버린 것이다. 결국 천하의 대본마저 자본에 장악된 채 거대한 소비의 틀에 유폐돼버렸다.

이러한 농사, 오늘의 우리 농업에 대해 비판적 시각을 갖고 있는 김 씨는 통영군 사량면 아랫사량도의 남단 해변에서 표고버섯 재배를 하고 있다. 그가 버섯을 재배하게 된 것은 그곳에 그의 임야가 있었고, 산에서 할 수 있는 게 뭘까 생각해보니 버섯재배가 괜찮을 성싶어 시작했다는 것이다.

김 씨가 경남 통영의 사량도에 점을 찍은 것은 30년 전의 오래된 일로, 순전히 낚시 때문이었다. 당시 그는 국제시장에 기대어 생업을 하고 있었다. 그의 표현대로라면 '돈을 좀 만지던 시절'이었다. 주머니 사정에 여유가 있다 보니 낚시를 자주 했고, 이곳 사량도도 그의 주요 포인트였다. 부산에서 통영까지 고려호를 타고 와서 사량도로 들어왔다. 지금 그의 집이 있는 동네, 백학리에서 낚시캠프를 쳤고 마을에서 섬 남단으로 걸어와 낚시를 하곤 했다. 그 낚시 포인트가 지금 그가 버섯을 재배하고 관리하는 말갈농장 바로 앞 부근이다.

"풍광이 너무 좋았어요. 고기는 참돔이 잘 잡혔는데 당시 시중에서 사 먹던 것과는 달랐습니다. 어린 시절 먹었던 도미도 낚였어요. 연안에서 고데구리로 잡아 시장 좌판에 나오던 그런 도미였지요. 씨알도 크지 않고 매운탕을 끓이면 기름이 동동 뜨며 깊고 깔끔한 맛을 냈습니다. 그런 고기를 낚아 구어 먹고 지져 먹으니 예전 생각도 절로 나고 스트레스도 풀렸습니다. 시쳇말로 '제대로 된 힐링'이었던 셈입니다."

그의 낚시 친구 중 부동산 하는 이가 있었다. 마침 그가 사량도에 두어 개 물건을 가지고 있었는데 낚시 포인트 바로 뒤편 임야 1만5000평도 그중 하나였다. 그는 두말 않고 당시로선 거금, 아파트 세 채 값을 주고 샀다. 그때 귀농 생각이 있었으면 당연히 교통편 괜찮은 곳에 논밭을 샀겠지만 만년에 낚시나 하러 올 공간을 만들자 해서 샀다. 주변으로부터 미친 사람이란 소리도 들었다.

그 당시에는 아랫사량도에 일주도로가 나지 않았을 때다. 그가 산 해변의 임야는 마을에서 소로를 통해 걸어 들어가야 했다. 나중에 일주도로가 나면서 그의 임야 1000평이 도로부지에 편입됐고 기부채납을 했다. 그의 산 바로 앞으로 해안일주 도로가 건설됐다. 도로를 만든다고 산을 절개했고, 그 결과 그의 임야 일

부가 평지가 됐다. 도로로 내놓은 것 말고도 한 600평쯤 됐다.

"뒤에 제가 귀농을 결심했을 때, 사량도 땅이 새로운 삶터가 된 것이죠. 도로가 나면서 생긴 평지 중 200평을 쓰임새 있게 잡종지로 지목변경을 했습니다. 그리고 그곳에 표고버섯 건조 등 관리를 위한 농막을 짓고 재래식으로 닭도 키우게 됐습니다. 지금의 말갈농장입니다."

그가 표고버섯을 키우겠다고 들어온 게 2001년이니까 벌써 15년 전의 일이다. 특별히 버섯재배 능력이 있어서가 아니라 그곳에 산이 있기 때문에 시작한 일이다. 사량도는 버섯을 키우기에 적합한 곳이다. 봄가을이 길고 기후 조건도 맞다. 여름에는 내륙보다 4도 정도 기온이 낮고 겨울에는 4도 정도 높아 안온하다. 또 바닷가라서 바람도 많아 버섯 하기 좋다. 그가 표고버섯을 한 뒤로 사량도 일대에서는 20가구가 버섯재배를 한다.

"임야 1만5000평은 모두 4필지로 돼 있어요. 처음에 표고버섯을 재배한다고 한 필지만 벌목 신청을 했지요. 공무원이 제 산을 둘러보고 참나무도 없는데 어떻게 표고를 할 건가 되물어왔지요. 그러면서 옆 필지처럼 참나무가 있어야 가능하다고 했어요. 그곳도 제 땅이라고 했고, 그렇게 버섯재배가 시작된 겁니다."

재래식 노지원목
재배로 표고 생산

그의 표고버섯 재배는 소나무 숲 아래서 원목으로 재배하는 방식이다. 이른바 노지원목 재배다. 산에서 참나무를 벌채해 원하는 장소까지 옮겨 버섯을 키우는 방식으로 노동력이 많이 든다. 우리나라 표고버섯 재배 역사는 해방 무렵 시작됐는데 노지원목 재배가 가장 오래된 재배 방식이다. 그 뒤 노지원목 재배에 자본이 투입되면서 원목하우스 재배로, 원목 구하기가 어려워지자 하우스톱밥 재배, 소위 '배지재배' 방식으로 바뀌고 있다. 현재 표고버섯 재배, 대부분은 배지재배 방식이고 노지원목 재배는 5%도 되지 않는다.

노지원목 재배는 접종 시에 집중적인 노동력이 요하기는 하지만 특별한 관리가 필요 없다. 참나무 원목을 베어 종균을 넣어 소나무 아래에 거치해놓고 때가 되면 수확을 한다. 하우스재배는 적정한 재배 환경을 만들어주기 위해 인위적으로 관리를 해야 하지만, 노지재배는 종균만 넣고 자연에게 맡기면 된다.

표고 종균을 넣은 참나무 원목을 소나무 아래 거치를 하는 것

은 그늘이 필요하기 때문이다. 상록수 밑에 있어야 겨울에도 햇볕을 가릴 수 있다. 바닷바람하고도 관계가 있다. 표고버섯은 거북등처럼 터진 '화고'를 최상품으로 친다. 화고를 키워내기 위해서는 바람이 부는 곳이 유리하다. 바람이 잘 불어야 버섯 표면이 마르면서 터지게 된다. 밑둥치가 굵고 육질이 단단한 화고는 배지재배에서는 나올 수 없다.

그래서 원목재배는 건표고 생산을 지향하고 배지재배는 주로 생표고를 생산한다. 특히 배지재배는 관수를 통해 빠른 시일 안에 버섯을 키워낸다. 그래서 배지재배로는 화고를 만들 수 없다. 왜냐하면 화고는 오랜 시간에 걸쳐 자연스럽게 형성되기 때문이다. 그의 버섯재배 규모는 해마다 늘어 지금 2만 본 정도 된다. 노지원목이나 하우스원목이나 2만 본 정도는 돼야 버섯 농사한다고 할 만하다. 사실 그는 15년 전 처음 시작할 때도 2만 본을 재배한다고 했다고 한다.

노지재배는 2, 3월에 종균을 넣은 참나무 원목을 거치시켜놓으면 이듬해 가을부터 버섯이 난다. 주로 겨울에 수확하기 때문에 표고를 겨울 작목으로 친다. 수확 시기는 11월부터 이듬해 4, 5월까지다. 버섯은 원목이 갖고 있는 양분을 뿌리로 빨아들이며 큰다. 버섯을 얼마나 키울 수 있는지는 원목의 변제부 면적하고 상관관계가 있다. 원목 굵기에 따라 버섯을 재배할 수 있는 햇수가 차이가 난다. 통상 표고재배 원목의 수명은 5년 정도라고 하는데, 버섯을 따기 시작하고부터 3년 정도 간다고 보면 된다. 표고는 원목 아랫부분에서부터 위쪽으로 연차별로 나온다. 하우스는 습도나 온도를 일정하게 사람이 관리해 버섯이 동시에 나온다. 반면에 노지재배는 자연 조건에 따라 버섯의 생장이 들쭉날쭉하다. 자연환경이 관리하는 셈이다.

그런 점에서 보면 노지재배는 지속적이고 영속적인 재배 방법이라 할 수 있다. 영속적인 농법, 종균을 한 번 넣어놓으면 자연이 키워 버섯을 내고, 그 역할이 다하면 저절로 사라진다. 통상 원목은 5년이 지나면 삭아 내려 흙으로 돌아간다. 그러면 다시 새로운 장소로 옮겨서 표고를 재배한다. 그는 처음에 산의 입구에서 시작해서 해마다 조금씩 위로 옮겨갔다. 자연이 수용하는 범위 안에서 해마다 조금씩 늘려온 것이다. 자연환경에 순응한 농사법이야말로 영속 가능하다. 기술이나 자본을 들여서 한꺼번에 많은 것을 얻으면 지속할 수가 없다. 농부 자신의 노동력 범위 안에서 자연이 허용하는 만큼 짓는 농사 규모가 바람직하다.

김 씨는 부산 토박이다. 그의 아버지와 어머니 두 분 다 하동 출신인데 일찍이 부산으로 나와서 일가를 이뤘다. 그는 어릴 적에 외가인 하동에 자주 들락거리면서 농촌 생활과 자연에 익숙해질 기회를 가졌다. 섬진강에서 은어 낚시를 하던 기억은 아직도 뇌리에 생생하다.

그는 부산상고(현 개성고)를 졸업하고 수산대에 진학했다. 당시 수산업계의 블루오션으로 각광받던 양식계통을 전공했다. 대학을 졸업하고 공무원 생활도 조금 했다. 공부를 더해보겠다는 생각으로 학교에서 조교 생활도 했다. 학문의 길을 꿈꿔봤으나 여의치 않았다. 성적이 크게 뛰어난 것도 아니고 그렇다고 정치적 수완이 좋은 것도 아니었다. 키워주는 스승도 없어 장래가 불투명했다.

공부를 포기하고 회사원 생활을 3년 정도 했다. 쥐꼬리만 한 월급도 그렇고 조직 생활이라는 게 도무지 체질에 맞지 않았다. 그래서 국제시장에서 장사를 시작했다. 장사를 해보겠다는 생각은 가져본 적이 없었지만 어쩌다 보니 그 길로 들어서게 된 것이다. 1990년 무렵이다. 한 달에 200만 원 정도 벌었다. 일은 힘들었지만 봉급쟁이들보다 수입이 월등했다.

"국제시장에서 납품 일을 했습니다. 그때는 포터 같은 차량이 없어 짐자전거로 도매상에서 물건을 떼서 소매상에 배급하는 일을 했죠. 당시에는 그런 일을 하는 이들이 많지 않았어요. 요즘 말로는 틈새 전략이었던 셈이지요. 남항에서 물건을 싣고 영도다리를 넘어 국제시장에 물건을 풀었습니다. 그런데 얼마지 않아 돈벌이가 된다 싶으니 경쟁자들이 몰려들고 배급 시스템도 바뀌기 시작했습니다. 상황이 나빠졌죠. 직장 생활하던 친구들의 월급이 어느새 제 수입을 넘어섰죠."

설상가상 그는 1995년에 큰 교통사고를 당한다. 욕심이 화근이었다. 상황이 나빠지니 마음이 조급해졌다. 좀 더 많이 배달해야 한다는 생각으로 안전운전에 소홀한 탓이었다. 사고로 그는 보름이나 의식을 잃었다. 의식이 돌아오자 의사가 그에게 이름과 사는 곳을 물었다. 도대체 자신이 누군지 왜 여기 누워 있는지 모르겠더라는 것이었다. 당시 일본의 고베에 큰 지진이 발생했는데, 생뚱맞게도 그것을 떠올렸고 급기야 여기가 고베라고 답을 했다고 한다. 간병하던 친구, 의사와 간호사들이 한바탕 배꼽을 잡고 웃었다.

노동의 기쁨 안겨주는
특이한 농사 셈법

그는 버섯 철에는 마을에서 차로 5분 정도 떨어진 버섯농장 말갈농원에서 생활한다. 말갈농장이라는 이름을 붙인 이유를 물었다.

"말갈은 변방의 삶이잖아요. 역사의 주인공임에도 늘 한쪽에 소외돼 온 말갈족. 오늘 우리 농민이 그렇고 우리 농업이 그들과 같다는 생각이 들어서 붙인 이름이죠. 또 진취적이고 기개 있게 농사를 지어보자는 자기 다짐도 작용했고요."

노을이 짙어질 무렵 말갈농장에서 그의 집이 있는 백학리로 자리를 옮겼다. 그의 집은 마을 맨 위에 자리 잡고 있다. 푸른 바다와 작은 포구가 한눈에 들어오는 전망이 일품이다. 낡은 집을 사서 손을 봤다는데 아담하고 안온하다. 그는 팔순의 노모와 함께 이곳에 산다. 그가 노모를 봉양하기보다 그의 어머니가 그의 수발을 든다고 하는 게 맞을 성싶다. 여든다섯 그의 노모가 차려준 밥상은 조촐했지만 따뜻하다. 그의 집에서 하룻밤을 자면서 멀리 떨어져 사는 내 어머니가 생각이 났다. 깊은 밤 줄기차게 쏟아지는 빗소리에 이리저리 뒤척이며 잠을 쉬 이루지 못했다.

그는 표고버섯 재배뿐만 아니라 밭농사도 짓는다. 집 주변의 밭 500평을 이웃 할머니한테 빌려 각종 작물을 키운다. 밭벼와 밀, 보리, 감자, 고구마, 고추, 무, 배추에다가 심지어 고사리와 삼채까지 재배한다. 특히 밭벼는 논농사를 못하는 것을 벌충하려고 지난해부터 심고 있다. 이곳에서 그의 식구가 먹을 충분한 먹거리가 나오고 남는 것은 이웃과 나눈다.

김 씨의 농사 셈법은 특이하다. 돈을 잣대로 들이대면 누구도 쉽게 이해하지 못할 것이다. 그가 처음 표고버섯을 시작했을 때, 원목으로 쓸 참나무 한 그루가 3000원쯤 됐다. 열 그루면 3만 원. 그런데 산에서 열 본의 원목을 만들려면 혼자서 종일 일을 해야 했다. 그 당시는 산에 접근조차 잘 안 됐다. 낫으로 잡목을 쳐내고 톱으로 베어내면서 겨우 올라가 힘겹게 벌목해봐도 하루 열 본을 만들기가 빠듯했다. 당시 어른 일당이 5만, 6만 원이었는데, 일당 받아서 원목 사는 게 나았을 터이다.

"효율로 따지면 전혀 이치에 맞지 않는 농사지요. 하지만 내가 몸을 쓰는 과정에서 일에 몸이 익어간다는 생각이 들었죠. 버섯 농장의 토대를 마련한다는 뿌듯함을 느낄 수 있었고요. 돈으로 계산할 수 없는 것들이 주는 희열이 컸다고 할까요. 3만 원 주고 원목 10본 사는 것보다 숲을 헤치며 미련스럽게 제가 직접 만드는 게 훨씬 즐거웠습니다."

그의 말처럼 그는 미련스럽게 일하면서 버섯을 재배하는 노하우를 익혀갔고 그 과정을 즐기게 된다. 돈을 주고 배워야 할 일이기도 했던 것 아닌가. 모든 걸 효율과 돈의 잣대로 바라보는 건 자본의 논리다. 자연에 순응하는 재래의 우리 농법, 생태적 순환의 농업을 밀어내고, 농토를 공장으로 농민을 노동자로 전락시키는 우리 농촌과 농업의 현실이 안타깝다. 그게 선진농업이 됐든 기업농이 됐든 창조농업이 됐든 터무니없는 욕심으로 농업의 본질, 농적인 삶의 가치를 갉아먹는 것 아닌가. 결국 우리의 미래, 지속가능한 농사를 훼방 놓을 뿐이다.

그는 농업을 경영하겠다며 영농계획을 세우는 이들을 보면서 되묻고 싶어진다고 한다. 역사와 문화를 관통해온 우리 농사에 대해 얼마나 진지하게 생각해봤는가. 그는 스스로가 농사나 세상살이에 무지했기 때문에 생태적 농업이 가능했을 거라고 생각한다. 귀농한 지 15년 만에 농기계라고 겨우 관리기 한 대를 샀다. 그는 밭농사를 위해 동네에 노는 땅을 빌려 농사를 지었다. 20년 동안 묵은 땅, 야산이 돼버린 땅을 개간했다. 포클레인이나 기계 쓸 생각은 아예 하지 않았다. 곡괭이와 호미로 거친 나무뿌리와 돌 더미를 헤집기에 역부족이었다. 이웃에 부탁해 쟁기질을 했으나 소가 뒷걸음쳤다. 그래서 관리기 한 대 정도는 있어야 하지 않을까 생각했다. 드디어 지난해 보조금 받아 한 대 장만했다. 그런데 사놓고 나니 별로 쓸 일이 없었다. 곡괭이와 호미를 쓰는 일이 그에게는 더 익숙하고 편하다. 관리기는 애물단지가 됐다. 그는 관리기 구입의 시행착오를 통해 자급자족하는 정도의 농사일에 기계를 쓰는 것은 맞지 않다는 평소의 지론을 새삼 확인하고 쓴웃음을 지었다.

그의 농사법은 돈을 위해 땅을 파헤치는 '수탈의 농사'가 아니다. 사람과 자연이 함께 사는 상생의 농사, 지속가능한 농사를 짓고자 한다. 그가 시설이나 기계를 동원하지 않고 적정한 수준의 표고농사를 15년 동안 유지하는 것도 그런 생각의 반영이었음에 틀림없다.

그는 지금껏 버섯 농사일을 거의 혼자서 해왔다. 혼자이기 때문에 노동력이 집중되는 작업은 시간을 늘려 잡는 방법을 썼다. 가령 종균을 넣을 때는 적정기 앞뒤로 작업 일정을 더 늘린다. 그래서 그는 종균 회사에서 가장 먼저 종균을 받는다. 통산 3월 중에 종균을 넣는데 그는 2월 하순에서 4월까지 접종한다. 물론 시기를 놓치는 등 시행착오도 여러 번 겪었다. 최근에는 종균 때가 되면 부산귀농학교 동문들이 일손을 도우러 온다.

부산귀농학교와
함께해온 산 증인

그는 부산귀농학교의 산 증인이다. 1997년 서울에서 귀농학교가 열린다는 신문 기사를 보고 귀농운동본부에 전화해 부산에서는 학교를 열 계획이 없느냐고 따지듯 물었다. 그렇잖아도 그런 전화를 걸어온 이들이 여럿이라는 답변을 들었다. 그래서 그들의 전화번호를 받아서 통화하고 한자리에 모였다. 함께 밤을 새우며 귀농학교를 열 계획을 했다. 드디어 1998년 부산환경운동연합에 부산귀농학교를 개설했다. 정말이지 그때는 신이 났다. 날마다 뜻이 같은 사람들 만나 이야기를 나누고 선진적으로 귀농한 이들의 삶을 찾아 나섰다.

부산귀농학교 초창기를 되돌아보는 그의 목소리는 아연 열기를 띠었다. 그의 가슴에는 여전히 당시의 열정이 살아 꿈틀거리고 있다는 것을 알 수 있었다. 환갑이 훌쩍 넘은 나이에도 청년과 같은 생각을 하고, 끊임없이 배우려는 자세는 저런 열정이 있기에 가능하구나 하는 생각이 들었다.

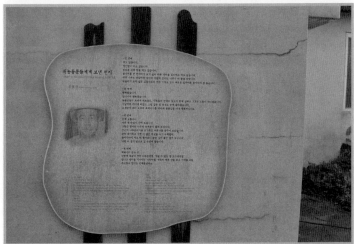

그의 집에서 하룻밤을 보내면서 방 한쪽에 가득 찬 책장의 책들을 살펴봤다. 대부분이 생태와 농업에 관한 책들이었다. 『녹색평론』의 오랜 독자인 것도 짐작할 수 있었다. 간혹 신물리학 관련 책들도 보이고 '운동권' 서적도 몇 권 꽂혀 있었다. 『파머컬처』나 『가이아의 정원』 같은 신간이 눈길을 끌었다. 비록 그가 인적이 드문 섬에서 재래식 농법으로 농사짓지만 새로운 지식을 배우는 데에 게으르지 않다는 것을 이 책들은 말해줬다. 그와 함께 『파머컬처』의 독후감을 나눴다. 앞으로 그와의 대화가 새롭고 즐거울 것 같은 예감이 들었다.

귀농동문들에게 보낸 편지

김형규

첫 번째

파고 있습니다.

정신없이 파고 있습니다.

쌀밥을 위해 땅을 파고 있습니다.

참나무를 벤 빈자리가 보기 싫어 다른 나무를 심으려고 파고 있습니다.

아무 나무도 괜찮지만 섬이라 바람에 견디는 나무가 더 좋을 듯합니다.

떠올리기 싫은 교통사고의 아픈 기억도 잊고 새로운 일거리를 찾아내어 참 좋습니다.

두 번째

행복했습니다.

잠시나마 행복했습니다.

동문님들이 오셔서 외로움도, 가족들의 반대도 잊으며 함께 일하고…

그것은 노동이 아니었습니다.

그날따라 바다에 떠 있는 그림 같은 섬 풍경도 눈에 들어왔습니다.

고생답이 우리 모두의 축제이기를 바라며 동문님들 내내 행복하십

시오.

세 번째

산에 오릅니다.

아무 생각 없이 산에 오릅니다.

그동안 쌓아둔 나무의 장벽들이 펼쳐 보입니다.

은근히 나무꾼이기를 포기하고 자본가를 꿈꾸어 보았습니다.

문득 내가 죽고 나면 이 많은 버섯을 누가 수확할지,

돌아가야지 하고 뒤돌아보니 왔던 길이 훨씬 멀어 보입니다.

어쩔 수 없이 앞으로 갈 수밖에 없습니다.

네 번째

채워지지 않는 잔

사랑에 목말라 하던 나무꾼처럼, 가질 수 없는 땅 고구려처럼

집나간 탕자를 기다리던 아비처럼, 가득히 채운 잔을 들고 건배를 외칠

우리들의 잔치는 언제쯤일까요.

— 말갈농장 전면에 서 있는 시비에서

숲에서 배우는
작지만 넉넉한 행복

하동 하동읍 지정구

차는 하동 톨게이트를 빠져나온 뒤 포구터널을 지나 하동읍으로 향한다. 섬진강대로를 달리는 차창으로 섬진강의 맑은 물살과 모래톱들이 스치며 눈을 시원하게 한다. 몸통을 뒤척이며 유유히 흘러가는 강을 바라보며 국토를 만신창이로 만든 4대강 사업의 삽날을 피해낸 게 참으로 다행스럽다는 생각이 든다. 하구습지와 송림공원을 지난 차는 구례 방향으로 달린다. 하동문화예술회관을 뒤로하고 5분 정도 더 가면 오른쪽에 하동삼성병원이 나온다. 오른쪽 길로 진입해 병원을 지나 들길로 들어서면 곧 두곡리다. 마을을 통과한 뒤 왼쪽에 분지봉을 끼고 좀 더 올라간다. 한순간 시멘트길이 산속으로 빨려 들어가듯 좁아지고

야트막한 숲의 터널이 전개된다. 차가 다닐 성싶지 않다. 망설이다가 전화를 하니 곧장 올라오라고 한다. 200m 정도 올라갔을까 숲속에 서너 채의 집들이 흩어져 있다. 작은 개울을 건너 왼쪽 분지봉의 동남 사면이 흘러내리다 잠시 숨을 멈춘 곳에 지정구 씨의 '지리농장'이 자리 잡고 있다.

지리산과 섬진강을 연결해주는 가교와 같은 분지봉 중턱, 탑골에 자리 잡은 '지리농장'은 양명했다. 7000여 평 규모의 농장에는 아늑하고 따뜻한 기운이 감돌았다. 자칭 농장 머슴인 지 씨와 그의 마나님 이숙연 씨의 성을 따서 지은 '지리농장'은 지리산 품속에 깃들여 있다는 의미이기도 하다. 동서로 길쭉한 마당에 들어서니 먼저 대여섯 평이나 될 법한 별채가 나온다. 접빈객을 위한 공간이자 구들이 놓인 차실이다. 그 옆으로 지 씨 부부가 생활하는 본채가 나오고, 이어 농사를 갈무리하는 창고가 있다. 황토벽돌로 지은 본채와 별채, 경량철골조의 창고 모두 지 씨 부부와 자녀들이 직접 지었다.

임야 경락받아 4년 동안
주말마다 찾아 관리

지 씨는 하동이 고향으로 어릴 적 한마을에서 자랐던 부인 이 씨와 가정을 이뤘다. 그의 집안은 대대로 하동에서 살았다. 아버지는 음주가무를 즐겨 좋던 재산 '다 말아먹고' 일치감치 돌아가셨다. 남겨진 식구들에게 재산이라곤 집한 채와 밭 500평이 전부였다. 그 땅에서 그의 어머니가 농사지으며 어렵사리 자식들을 키웠다. 공무원이 된 그의 형이 가족을 부양했다.

그는 집에 땅이 많은 친구들이 부러웠다. 땅에 대한 갈증은 도시 생활을 하면서 한층 더했다. 부산에서 직장생활을 하면서 주로 아파트에서 살았는데, 고층이 되다 보니 지분이라는 게 고작 6, 7평 수준이었다. 그래서 늘 넓은 땅을 가질 수 있었으면 좋겠다는 생각을 해왔다. 그가 산을 선택한 데에는 적은 돈으로 널찍한 땅을 확보할 수 있다는 점도 작용했다.

마흔이 되던 2002년부터 땅을 보러 다녔다. 각종 부동산 정보지도 보고 가까운 지인들에게 부탁도 했다. 내 땅을 가지면 삶의 뿌리가 훨씬 든든해질 것이라는 생각이 들어서였다. 각박한 도시 생활에서 여가를 활용할 수 있는 숨구멍 같은 공간을 마련해보겠다는 생각도 있었다.

주로 고향 하동 일대의 땅을 수소문했다. 그러다가 고향마을 인근의 이 땅을 찾게 됐다. 2007년 3월 경매로 나온 이곳 임야 6200평을 낙찰받았다. 입찰 2주 전에 현장을 답사했다. 산은 온통 넝쿨과 잡목이 빽빽해서 발을 디딜 틈도 없었다. 가까스로 숲속으로 들어가 보니 취나물 순도 올라오고 머위 잎도 보였다. 야생 녹차나무도 드문드문 있었다. 땅에서 좋은 기운이 느껴지고 마음에 꼭 들었다. 무엇보다 너른 평수라서 마음에 흡족했다.

지 씨 부부는 땅을 사고 4년간 주말마다 출퇴근하다시피 했다. 등기이전도 하기 전에 작업부터 시작했다. 숲속에 베이스캠프를 쳤다. 부부는 금요일 오후 늦게 들어와 일요일 오전까지 숲

속에 머물면서 잡목을 솎아내고 풀을 베어냈다. 한 달에 한 번씩은 아이들도 데리고 와서 같이 일하고 요리도 해 먹고 잠도 잤다. 산을 매개로 한 새로운 생활은 그들 부부에게 활력이 됐고 아이들에게도 좋은 경험이 됐다. 주말마다 부부가 집을 비우는 동안 아이들 스스로 이것저것 챙기면서 자립적 생활을 배웠다. 또 숲에서 함께하면서 평소보다 더 많은 대화의 기회를 갖게 된 것이다.

마을 어르신들도 뻔질나게 드나드는 그들을 기특하게 생각했다. 처음에는 얼마나 가나 한 번 보자고 했단다. 당신들의 자식은 겨우 명절이나 돼야 찾아오는데 매주 거르지 않고 찾아오는 그들 부부를 반기지 않을 수 없었다고 한다. 그런 과정을 통해 그들 식구는 동네 주민들과 정을 쌓았고 자연스레 동네 사람이 됐다.

　그의 산은 원래 밤나무와 고사리 밭이었다고 한다. 오랫동안 사람 손길이 닿지 않은 산은 온통 우거져 밀림같이 돼버렸고 멧돼지를 비롯한 산짐승들이 출몰했다. 짐승들이 들락거리는 관계로 원두막을 짓고 그 위에 텐트를 쳤다. 원두막 아래 빈 공간에는 각종 작업 도구를 보관했다. 또 산 곳곳에는 묘지가 있었다. 밤에 묘비를 보면 달빛에 하얗게 부서져 무서웠다. 처음에는 소름이 돋고 깜짝깜짝 놀라곤 했는데 시간이 지나니 무서움도 사라졌다.

　"무덤이 오히려 저희를 지켜준다고 생각했지요. 제 땅 안에 모두 13기의 묘가 있는데, 4기는 후손이 관리하고 나머지는 연고가 없었습니다. 무연고묘는 제가 날을 잡아 벌초를 합니다. 그곳에 누워 있는 양반들이 저를 지켜줄 것이라고 생각하면서요. 벌에 쏘이는 것, 뱀에 물리는 것도 막아줄 것이라고 생각하니 오히려 든든해지더라고요."

　그들이 4년 동안 임야를 관리하면서 700, 800평 정도에 나무를 베어내고 작물을 심었다. 소출을 내겠다는 목적보다는 주말마다 와서 땀을 흘리며 노동의 기쁨을 확인하는 소일거리 정도로 여겼다. 무엇보다 수천 평이나 되는 '자신들의 땅' 그 존재를 실감할 수 있어 좋았다. 그의 블로그 프로필에는 그 당시 심정이 잘 나타나 있다.

'산에서 태어나 도시에서 생활하지만, 언제나 산으로 돌아가고픈 촌놈입니다. 물질은 부족해도 마음은 평화롭게 살아갈 준비로 2007년부터 야산을 가꾸고 있습니다. 주말마다 농장에 가는 길이 가깝지 않지만 산에 가면 모든 게 평화로워 그냥 머물고 싶습니다.'

산과 오랜 연애를 마감하고 2011년 귀농하면서 본격적으로 농장을 조성했다. 귀농할 당시 논 1000평을 추가로 매입했다. 막상 그곳에 집을 지으려니 길이 있어야 했다. 현황도로는 있었지만 건축 허가가 안 나, 산 아래 논을 사 넣을 수밖에 없었다.

농장을 조성하기 위해 벌목을 했다. 하동군청에 벌목허가 신청을 하니 담당 공무원이 수종갱신을 해보라고 권했다. 국가에서 지원금도 준다고 했다. 사업비를 받아서 야산의 밤나무를 베어내고 매실과 돌배나무 등을 심었다. 포클레인을 동원해 농장을 가로질러 외곽을 도는 임도도 닦았다.

건설현장 소장 하다 몸
망가지면서 귀농 결심

귀농하기 전, 그는 평범한 직장인이었다. 대학을 졸업하고 20여 년을 건설사에서 일했다. 대학시절 전공을 살려서 토목 분야를 담당했다. 자유건설 등 전국 도급순위

100위권에 드는 중견 건설회사에서 잔뼈가 굵었다. 회사에서는
성실하게 일했고 승진도 순조로웠다. 마지막 10년은 성우하이텍
의 계열 건설회사에서 일했다. 성우하이텍은 현대자동차 1차 벤
더로 자동차 부품회사다. 건설 쪽으로 사세를 확장하면서 그가
영입된 것이다. 2008년 중국 사업장에 파견근무를 나갔다.

　해외근무를 할 때에도 한 달에 한 번은 귀국해 하동의 산으로
갔다. 인천공항에 도착하자마자 부인에게 연락해 하동에서 합류
한 뒤 곧장 숲으로 달려갔다. 주말을 산에서 보낸 뒤 일요일 오
전에 다시 중국으로 돌아가고, 부인은 부산 집으로 돌아왔다. 그
들 부부가 이 숲에 쏟은 정성을 짐작할 수 있는 대목이다. 그러
다가 2009년 서울로 발령을 받았다. 송파와 성남 사이에 대규모
유통단지 공사였는데 3조원 규모로 컸다. 그의 회사는 진입로

공사를 맡았다.

"당시 현장소장으로 나갔어요. 업무상 술을 많이 먹었습니다. 밤새 술 먹고 고스톱을 치다가 새벽에 귀가하는 일이 빈번했죠. 잠시 눈 붙였다 아침 7시에 출근하는 일이 반복됐습니다. 저도 체력이 만만찮았지만 견디기 힘들었습니다. 6개월 정도 그런 생활을 하다 보니 진이 빠졌어요. 이렇게 살다가는 죽을 수 있겠다는 생각이 들었고, 직장에 정이 뚝 떨어졌습니다. 하루는 견딜 수 없이 아파서 병원에 가보니 고혈압이라고 하더군요. 혈압이 175를 넘었어요. 6개월간 약을 먹었는데도 150 이하로 떨어지지 않았죠. 돈 몇 푼 더 벌려다 결국 병원에 다 갖다 주고 요절할까 겁났어요."

그는 결국 2011년 들어서면서 귀농을 결심하고, 4월 말에 사직서를 냈다. 몸을 망치겠다는 생각에 더 이상 직장생활을 유지하지 어려웠다. 직장을 그만두고 도시에서 먹고살 수 있는 방법이 뻔했다. 호구지책으로 택시기사, 경비, 대리운전, 아니면 노가다 외에는 할 일이 없었다. 그럴 바에야 농사를 짓는 게 낫다는 생각이 들었다. 고향에 마련해놓은 땅도 있지, 못할 게 뭐 있겠나 싶었다. 그래서 전격적으로 귀농하기로 결심한 것이다.

귀농하려 하니 걸리는 게 많았다. 특히 부부에게 염려되는 게 아이들의 교육 문제였다. 당시 첫째는 대학에 갓 입학을 했지만 둘째는 중3이었다. 고민을 거듭하다가 시골이라고 크게 나쁠 것도 없겠다는 생각이 들었다. 어쩌면 좀 더 여유 있게 아이를 키울 수 있지 않을까 하는 생각도 들더란 것이었다. 귀농을 작정한 그들 가족은 1월에 하동읍에 작은 아파트를 하나 얻어 이사를 했다. 둘째의 고등학교 입학을 준비하기 위해서였다. 그와 딸은 부산에서, 그의 부인과 둘째는 하동에서 몇 개월간 두 집 살림을 했다.

"처음에는 걱정도 많이 했는데 둘째가 의외로 잘 적응했어요. 공부도 열심히 하고 취미생활도 충분히 했지요. 아이가 중학교 때부터 기타를 쳤는데 고등학교 들어가서 교내 밴드를 만들어 활동했습니다. 녹차축제 때는 시험 기간이었는데도 연습해서 무대에 올랐어요. 두 시간 공연한다고 한 달 이상 연습하더라고요."

자식이 좋아하는 걸 마음껏 하는 걸 지켜보니 흐뭇하기 그지없더란다. 하동에 있는 고등학교에 둘째를 입학시킨 것은 두고 두고 생각해봐도 잘한 선택이었다.

노동력 배분 소량다종으로
일 년 농사계획 세워
지리농장의 농사는 잘 짜인 일과표 같다. 지리적 조건이나 노동적 여건을 잘 조화시켰다. 매실과 돌배나무, 대봉 등 과실에다 온갖 산야초를 채취하는데 마치 톱니바퀴가 맞물려 돌아가듯이 농사 일정이 순차적으로 짜여 있다. 작물이 집중되면 고강도 노동을 피하기 어렵다는 점을 감안해서 소량다종의 기준으로 디자인했다. 두 사람이 일에 치이지 않고 일 년 내내 고르게 노동할 수 있게 작물을 선택했다.

물론 매실이나 고사리 등 특정 작물에 집중하면 일하고 관리하기에 수월했을지 모른다. 특히 상품을 만들어낸다는 점에서 유리한 게 많았을 것이다. 하지만 그렇게 될 때 여러 가지 문제를 드러낼 수밖에 없다. 무엇보다 상업적 목적이 강하면 지속가능성이 사라진다는 점을 염두에 뒀다. 농사가 단작으로 집중되면 상업성은 있을지 몰라도, 소농으로서 여러 한계에 부닥칠 게 뻔했다. 사람을 사야 하고 기계도 써야 하는 일이 생기고 결국은 가족농의 원칙이 무너진다는 것이다.

지리농장의 일 년 농사 일정은 물 흐르듯이 자연스럽다. 1월에는 고로쇠나무 수액을 받는다. 이어 3, 4, 5월에는 산나물을 채취한다. 고사리, 엄나무, 두릅이 주를 이룬다. 6월에는 매실을 딴다. 무더위로 일하기 힘든 여름은 농한기다. 풀베기를 하면서 보낸다. 그러다가 10월이면 돌배를 따고 11월엔 대봉감을 수확한다. 12월 한 달은 푹 쉬면서 일 년을 마무리하고 이듬해 농사계획을 잡는다.

한여름은 지리농장의 식구들에게 한가한 시간이다. 그는 아침 두 시간 저녁 해질 무렵 두 시간, 풀베기 작업을 하면 나머지 시간은 온전히 휴식이다. 지리산 둘레길이 가까이 있고 섬진강이 지척에 있어 놀 곳은 충분하다. 무더운 한낮에는 맑은 섬진강 물에 발을 담그고 천렵하고 재첩을 잡는다. 거랭이로 재첩을 채취하고 쪽대로 징거미를 잡아 올린다. 즉석에서 징거미 야채튀김을 만들어 먹는다. 부부가 마음먹고 재첩을 잡으면 두어 시간이면 30kg을 채취한다. 해감을 시키고 손질을 해 몇 차례 가마솥에 푹 고면 뽀얀 국물이 우러나온다.

여름의 끄트머리, 그의 식구들은 주말을 이용해 지리산 등산을 했다. 일 년에 한 번씩 갖는 가족단합 등산이다. 이번엔 하동읍에서 버스를 이용해 청학동을 거쳐 세석산장에서 일박을 하고 이튿날 의신으로 내려오는 20km 구간을 네 식구가 함께했다. 좋아하는 부인과 아이들을 지켜보면서 그는 정말이지 귀농하길 잘했다고 생각한다.

"결코 도시에서 누릴 수 없는 행복이지요. 도시에서는 외식이라도 한 번 나가려면 어디로 가서 무엇을 먹을 것인가부터 고민합니다. 네 식구가 저녁이라도 한 끼 먹으려면 돈 10만 원 쓰는 것은 일도 아니고요. 여기에서는 집에 있는 밑반찬과 야채 좀 챙기면 됩니다. 몇천 원 들여 막걸리 서너 통만 사도 도시에서의 외식이나 나들이 부럽지 않아요."

지리농장의 고사리는 유명세를 타고 있다. 요즘 들어 야생 고사리를 찾기 힘들기 때문이다. 시중에 나오는 대부분의 고사리는 재배한 것이다. 그는 자연 상태에서 난 고사리를 꺾어서 쓴다. 야생 고사리가 소문이 나면서 지난봄에는 주문이 폭주했다. 특히 시중에 중국산 고사리가 넘쳐나자 아예 생고사리를 많이 찾는다. 주문에 맞추려니 눈 코 뜰 새가 없었다. 취업 준비를 하는 딸을 불러들여 일손을 보탰다. 고사리로 200만 원 이상 벌었다.

고사리는 자연 상태에서 가만 놔둬도 잘 크지만 비료를 주는 관행농에 비하면 생산량이 5분의 1밖에 안 된다. 그런데 자연 채취 고사리는 한 근에 6만 원이고 관행농으로 생산한 고사리는 3

만5000원이다. 수지가 맞지 않는다는 이야기다. 엄나무는 자생하고 있는 것을 한곳으로 옮겨 심었는데 토질이 맞는지 잘 자란다. 올해부터 수확이 있었다. 매실 역시 자연재배로 크게 어려운 건 없다.

그가 특별히 신경을 쓰는 것은 대봉감이다. 산에 원래 20그루 정도 자생하고 있었는데, 농장을 조성하면서 500주를 접목하고 심었다. 평균 5년생이다. 7년생부터 열매가 달리는데 기존의 20그루와 식재한 일부가 벌써 열매를 맺기 시작했다. 그는 대봉감을 유기농으로 짓는다. 대봉감 유기농은 까다롭고 어려워 전국에서 짓는 이가 다섯 손가락 안에 꼽힌다. 감은 제때 방제하지 않으면 열매가 빠지거나 무르는 등 병에 취약하다. 그는 병해충을 예방하고 방제하기 위해 유기농 약재를 쓴다.

작년에는 유기농 약재를 사서 써보니 감 팔아 번 돈보다 약값이 더 들었다. 자연농약은 매우 비싸다. 한 번 방제하는 데 20만 원이 든다. 모두 일곱 번 방제했는데 150만 원이 들었다. 감 생산량은 500kg으로 수매가가 120만 원에 그쳤다. 그래서 올해부터는 천연농약을 자가 제조하고 유황도 희석해 쓴다. 시중에서 사서 쓰면 직접 만들어 쓰는 것보다 무려 30배나 비싸다.

"해충기피식물 엑기스를 직접 만들어 사용합니다. 벌레들이 싫어하는 식물 여러 가지를 모아서 설탕과 1대 1로 엑기스를 만들어 자연 농약을 만드는 것이죠. 유황과 카놀라유, 오일로 농사짓는 방법도 씁니다. 수확철이 되면 성공 여부를 알 수 있겠죠. 아마 성공할 것 같은 예감이 듭니다."

돌배도 묘목을 구입해서 120주 심었는데 그중에 100주는 살아남았다. 돌배는 가공허가를 내지 않아서 일부는 생과로 팔고 나머지는 썰어 말린 뒤 겨울에 차용으로 낼 작정이라고 한다. 효소는 허가 없이 판매할 수 없다.

본격적으로 농사를 시작한 지 5년째다. 판로 문제는 아직까지 걱정해보지 않았다. 농사 첫해인 2011년과 이듬해는 도시의 지인들을 상대로 농산물을 소화했다. 3년째부터는 유기농 매장을 활용했다. 인터넷상에 전국단위의 유기농 매장이 많다. 그의 블로그나 홈페이지를 본 그들이 먼저 연락해 왔다. 수수료만 조금 내면 도시 소비자와 연결해준다. 그의 생산량 80%는 유기농 매장을 통해 내고 나머지는 지인 등에게 개별 판매한다.

대봉감의 경우 유기농으로 희소성이 있어 파는 데 별 문제가 없다. 소비자들이 먼저 연락해 온다. 일반 대봉감보다 4배 정도 비싸다. 작년에는 kg당 5000원에 냈다. 감말랭이나 곶감의 경우 3만 원 선이다. 건조하는 농작물은 생것의 6배 정도 받는다. 건조하면 6분의 1로 무게가 줄기 때문이다. 대봉감은 전체 생산량의 절반 정도를 생감으로 낸다. 상처가 있는 것은 감말랭이나 곶감으로도 가공한다.

매실은 자생하던 게 몇 그루 있긴 했지만 대부분 직접 심었다. 수확이 빨라 3년이면 열매가 달린다. 올해는 kg당 평균 4000원에 팔았는데, 관행농의 경우 농협수매가 1200원이었다. 매실이 과잉생산돼 다들 판매에 애로를 겪었지만 그는 모두 팔았다. 오히려 주문량이 많아 이웃의 유기농 매실을 팔아주기까지 했다.

그는 농장에 토종닭도 자연방사해서 키운다. 그냥 숲에 풀어놓는다. 올봄에 어미닭 여덟 마리가 알을 품어 90여 마리의 병아리가 태어났다. 아마 그보다 훨씬 더 많이 부화했지만 뱀이나 쥐의 공격으로 상당수가 목숨을 잃었을 것으로 짐작한다. 태어난

지 일주일만 지나면 자연적응을 위해 방사한다. 위험이 있더라도 자연 속에서 햇볕을 제대로 받으며 자랄 수 있게 하는 게 닭을 위해서도 좋을 것이란 생각이 들어서였다.

지리농장의 한해 수입 목표는 2000만 원이다. 작년에는 농사소득 1500만 원, 과외소득 500만 원을 올려 목표액을 채웠다. 과외소득은 우선 다른 농장에서 일한 품삯을 들 수 있다. 일도 배우고 일당까지 계산해 받으니 일석이조다. 또 '조건불리 직불금'이라는 괴상한 이름이 붙은 유기농 지원금도 받는다. 유기농으로 인증받으면 평당 얼마씩 나온다. 연간 2000만 원이면 생활하는데 전혀 문제가 없다. 그는 도시 6000만 원보다 넉넉하게 느껴진다고 한다.

"도시에서 직장생활 할 때보다 나아진 게 많습니다. 우선 마음이 평화로워요. 시간의 여유, 마음의 여유가 생깁디다. 지리산 둘레길도 걷고 제주도도 가보고, 섬진강에서 천렵도 합니다. 도시생활할 때는 엄두도 못 내던 일을 일 년에도 몇 차례씩 합니다. 도시에서 누릴 수 없는 것을 누리고 사는 게 얼마나 행복한지 모릅니다. 여유는 경제적 조건에서가 아니라 마음에서 출발한다는 걸 새삼 깨달았지요."

그에게 농사의 원칙이 있다. 주 40시간 노동 원칙이다. 실제는 30시간 정도 노동이다. 과수농사가 밭농사 논농사보다 시간적 여유가 있다. 귀농하고 나서 얻은 시간적 여유를 바탕으로 삶의 변화를 이뤘다고 한다. 툭하면 저녁에 술 먹고 들어오고, 술 깨기 바쁘게 출근하는 등 직장생활을 할 때 부부가 서로를 이해하고 돌아봐 주는 시간을 갖기 힘들었다. 요즘은 같이 지내는 시간이 많으니 결혼과 가정의 참된 의미를 실감한다고 한다.

"돈의 노예에서 벗어날 수 있다는 게 가장 큰 소득이지요. 시간에 종속되지 않는 일상이 여유롭습니다. 학교에 다닐 때부터 직장 그만둘 때까지 제가 어쩔 수 없었던 시간을 지금은 제 뜻대로 조절할 수 있지요. 일하고 싶을 때 일하고 놀고 싶을 때 놀 수도 있습니다. 시간을 자유롭게 쓸 수 있다는 점이 좋습니다. 아무리 바빠도 일하기 싫으면 안 합니다. 그래도 누가 뭐라는 사람이 없어요."

그는 자동차 소리가 안 들리는 점이 너무 좋다고 한다. 한여름에도 소음으로 창문을 못 열고 자던 도시의 아파트 생활은 생각하는 것만으로도 끔찍하다. 단지 잃은 게 있다면 돈이다. 수입만 따진다면 도시의 4분의 1밖에 되지 않는다. 비록 돈은 잃었는지 몰라도 그 반대급부로 얻는 게 많다고 그는 자랑한다.

마을과의 관계도 좋다. 그의 부지런하고 낙천적 성품 탓에 이웃들과 자주 어울리면서 관계가 활짝 열렸다. 마을 어르신들하고 소통이나 교류도 원활하다. 그동안 꾸준히 노력하고 애써온 결과다. 이 마을에는 모두 25가구가 사는데 외지에서 들어온 경우가 12가구다. 먼저 들어온 이들이 마을 어르신들에게 잘했다. 그래서 귀농자에 대한 마을의 인식이 매우 좋다.

하지만 그는 공직생활 하는 친구들과는 불가근불가원의 원칙을 유지하려 애쓰고 있다. 고향에서 인연을 끊고 있는 셈이다. 이

해와 관련해 엮이면 소소한 문제들이 발생할 여지가 있기 때문이다. 공무원 친구들이 연락해 오지 않으면 먼저 연락하지 않는다. 또 흉사일 때는 나가고 그렇지 않으면 나가지 않는다는 원칙도 세웠다.

삶에 지친 도시인들에게
휴식공간 제공했으면

"요즘은 정말 사는 게 어려운 것 같습니다. 대학을 졸업하고도 일할 기회조차 갖지 못하는 사회 구조가 문제지요. 그런 점에서 귀농은 당사자인 부모의 삶뿐만 아니라 자식들에게도 여지를 주는 방편이 될 수 있습니다. 베이스캠프 역할을 할 수 있다는 것이지요. 도시에서 노인들이 아무런 역할도 못하고 소외되는 게 안타깝습니다. 농촌은 팔십이 돼도 일합니다. 도시 노인들은 일이 없으니 놀이도 안 되잖습니까. 수명은 점점 늘어나는데도요. 노후에 도시에 사는 것은 끔찍스러운 일입니다. 농촌에서 스스로의 쓸모를 찾는 게 노후에 훨씬 낫지 않겠습니까."

지 씨 부부는 남의 땅 1500평을 포함해 9000평 가까이 농사 짓는다. 대부분 과수 농사고 밭농사는 800평쯤 된다. 물론 두 사람이 일하기에는 크게 무리가 없으나 3000, 4000평으로 줄어든다면 더 여유롭게 살 수 있지 않을까 생각한다.

그는 지리농장의 행복을 나눌 수 있었으면 한다. 이곳이 자신의 식구뿐만 아니라 도시생활에서 지친 이들이 와서 휴식할 수

있는 공간이 됐으면 하는 꿈을 갖고 있다. 제철에 맞는 일과 맑은 공기를 누리는 것, 하루에 서너 시간 일하고 자유롭게 쉬는 공간을 만들고 싶다. 살벌한 도시 생활에 벼랑으로 내몰린 사람들을 위로해주고 완화해주는 공간, 쉼을 주는 공간으로 역할 할 수 있었으면 좋겠다는 생각이다.

먹어야 삽니다. / 모든 음식의 어머니는 자연입니다. / 늘 그랬듯이 / 어머니가 주시는 그대로가 가장 좋은 것입니다. // 우리 농장은 자연농으로 다가가고 싶습니다. / 하늘이 농사짓고 바람과 비가 나무를 기르고 / 사람은 그 속에서 약간의 먹을 것을 구하는 / 그런 농사를 짓고자 합니다.

지리농장 홈페이지 초기 화면에 올려놓은 농장 소개 글을 읽어 본다. 문득 지 씨가 산을 닮았다는 생각이 든다. 농부에게 땀을 결실을 내줄 뿐만 아니라, 생태적으로 큰 역할을 하는 산처럼 그의 품이 넉넉해 보인다. 지 씨의 소박한 꿈이 도시에 사는 이웃들에게 따뜻한 물살로 퍼져나가길 기대해본다.

재첩국 만들기

지정구

지리산을 배경으로 맑은 섬진강이 흐릅니다. 하류 지역은 조수 영향으로 물이 들고 빠지기를 하루 두 차례 반복합니다. 민물생물과 바다생물 자유로이 소통하는 열린 강으로 맛 좋은 재첩조개가 서식하지요.

마님과 두 시간 만에 두 말 가까이 채취했습니다. 얼마 전에 구한 거랭이라는 도구를 사용했습니다. 잡은 재첩은 모래를 머금고 있기 때문에 10시간 이상 해감을 해야 됩니다. 그리고 맑은 물에 다섯 번 이상 문지르며 표면을 세척합니다.

재첩은 높은 온도에서 재빨리 삶아내야 하기 때문에 장작을 지피는 가마솥에서 삶습니다. 더운 여름엔 장작 불 때는 게 여간 힘들지 않습니다.

한참 끓으면 조갯살이 떠오르는데 이때 조리로 건져내 모으는 겁니다. 가마솥에 국물은 그대로 두고, 다시 조개를 넣고 끓여 껍데기와

속살을 분리하기를 네 차례
정도.

그러면 재첩국물이 뽀얘집니
다. 국물은 찜통에 담아 찬물
에 식히는 거지요. 어느 정도 식히고 나면 조갯살과 합쳐 저온창고에 넣어
두고 수시로 먹습니다.

재첩 껍데기를 과수나무 주변에 뿌려두면 닭들이 남은 속살을 파헤쳐
먹습니다. 재첩 껍데기는 단기적으로 과수나무 근처의 잡초 성장을 억제
하고, 장기적으로 닭의 칼슘 보충과 과수나무 거름이 되어줍니다.

저는 재첩을 무척 좋아합니다. 고등학교 2학년 때, 그때는 온 국민이
먹고살기 힘든 시기였습니다. 신체 성장속도에 비해 영양공급이 부족해서
간에 이상이 생겼습니다. 얼굴과 눈이 노랗게 변하는 황달병에 걸렸지요.
어머니께서 저를 살리려고 한 음식이 재첩국입니다. 거의 매일 섬진강에서
재첩을 잡아 큰 대야에 담아 머리 위에 이고 십리 길을 다니셨지요. 어머니
의 정성과 재첩의 효능으로 건강을 되찾은 저는 지금도 재첩국을 좋아합
니다. 저에게 재첩국은 어머니의 마음입니다.

- 다음블로그 지리농장, 2014. 8. 7

닭도 즐겁고
농부도 행복한 사육환경

산청 신안 박상호

'동물은 충분한 활동 공간 안에서 운동하고 맑은 공기를 마시고 햇볕을 받으며 자라야 한다.' 미국에서 자연축산의 기치를 내걸고 거대한 기업축산에 맞선 조엘 샐러틴의 가축사육 기본 원칙이다. 당연한 주장임에도 거대자본이 장악한 공장식 축산이 판을 치는 미국 농촌에서 그가 설 자리는 좁기만 하다.

　우리가 일용하는 육류는 안전한가. 대형 마트의 붉은 조명 아래 신선한 느낌을 주는 지방이 잘 배긴 고기들은 과연 어디에서 어떻게 자란 것일까. 날마다 밥상에 오르는 닭과 소, 돼지의 사육 환경을 우리는 얼마나 알고 있는가.

　공장식 양계, 이른바 '배터리 케이지' 사육이 일반화됐다. 가로 세로 50cm의 좁은 공간에서 암탉 6~8마리가 알을 낳기 위해 갇혀 지낸다. 한 마리에 허용된 면적은 A4 용지 2/3. 비좁은 케이지 안에서 닭은 날갯짓 한 번 할 수 없다. 햇볕도 못 보고 신선한 공기도 마시지 못한다. 땅 한 번 밟아 보지 못한 채 사료만 먹고 알만 낳다가 죽는다. 살아 있는 생명체가 아니라 '알 낳는 기계'다.

케이지에 갇혀 옴짝달싹하지 못한 채 항생제 주사를 맞고 산란촉진제를 먹은 닭이 낳은 달걀이 과연 온전한 식품일까. 케이지 안에서 꼼짝하지 못하고 부리마저 잘린 채 용도가 폐기되는 날까지 기계처럼 빼낸 달걀을 안심하고 먹어도 될까. 겉보기가 멀쩡하고 영양 성분에도 문제가 없다고 마음껏 먹어도 괜찮은 것일까.

공장식 축산의 목표는 오직 하나다. 어떻게 하면 가축을 더 빨리 키울 수 있는지, 어떻게 하면 저렴한 비용으로 많은 고기와 알을 얻을 수 있는지에 맞춰져 있다. 대규모 사육은 비용을 낮추려 밀식되고 움직이면 살이 빠진다고 좁은 틀 안에 가둬서 키운다. 항생제가 범벅이 된 사료와 비위생적 환경은 가축의 면역력을 떨어뜨리고 질병을 부른다.

부드러운 육질의 송아지 고기를 만들어내기 위해 인위적으로 사료에 철분 성분을 뺀다. 본능적으로 철분을 섭취하기 위해 철제 우리를 핥자 나무 우리로 바꿔버린다. 심지어는 몸무게를 불리기 위해 폐수를 퍼 먹이고, 동물의 사체를 간 골육분을 먹이기까지 한다고 한다. 자본의 나라 미국에서 발전한 공장식 축산의 진면목이다.

이윤 확대에 급급해 가축을 학대하는 공장식 축산은 이미 이 땅도 점령했다. 귀한 음식, 생명의 음식이란 전통적 가치를 왜곡

시키며 추악한 욕망을 확대 재생산한다. 오늘 아침 우리 밥상에 오른 고기와 계란 대부분은 공장식 축산의 산물이다. 추악한 시류 속에서도 '음식의 가치'를 우선하고 가축에게 환경권을 보장하면서 건강한 먹거리를 내기 위해 애쓰는 소규모 친환경 축산도 있다.

태권도인에서
닭 키우는 농민으로

산청군 신안면 청현리에서 '산내음 유정란 농장'을 열고 건강한 닭을 키우고 있는 박상호 씨도 그들 중 한 사람이다. 꽁지머리에다 모자를 쓰고 갈색 안경을 쓴 그의 첫 인상이 눈길을 끈다. 탄탄한 근육질 몸매에 어울리지 않는 순박한 눈빛과 울림이 있는 저음은 한순간에 경계심을 풀게 한다. 이순을 눈앞에 두고도 여전히 배우는 것을 즐기는 순수 청년 같은 사람이다.

그는 원래 태권도인이다. 귀농 전에 부산에서 태권도 체육관을 했다. 어릴 적부터 배운 태권도가 생업이 되었다. 중고교 시절엔 크고 작은 대회를 휩쓸었다. 졸업 뒤 잠시 태권도장에서 사범 노릇을 하다 입대했다. 제대 후에도 태권도의 끈을 놓지 않고 야간대학을 다니며 자신의 도장을 운영했다. 제자들에게 보다 깊이 있는 교육을 위하여 부산대 대학원에서 체육심리학을 전공하며 태권도에 대한 열정을 불태웠다.

"수십 년 동안 태권도를 향한 외길을 걸어왔습니다. 그런데 어느 순간부터 이것저것 한계가 오기 시작했어요. 무엇보다 초등학생들을 상대하니 공감대 형성이 어려웠습니다. 사범을 두고 관장이라며 경영만 했습니다. 경영이라는 게 그렇잖아요. 아이들을 어떻게 하면 많이 유치하고 그 숫자를 유지하느냐 하는 게 늘 숙제였습니다. 영업한다고 바깥으로 돌아다니다 저녁에는 수금하고요. 관장들끼리 모여 좁은 바닥 이야기에 일희일비하고…"

태권도장에 나오는 아이들, 어린 고객이지만 생업의 대상인 그들과의 관계에서 열정이 식었다. 변화 없는 생활은 매너리즘에 빠지게 했고, 언제까지 이 일을 해야 하나 고민이 시작됐다. 지금 와서 돌아보니 아마 그때부터 새로운 삶, 인생에서 방향 전환을 암중모색하고 있지 않았나 생각된다고 했다. 하지만 평생 해오던 일, 그 일밖에 몰랐던 생활을 접고 전혀 다른 삶을 모색하기엔 쉽사리 의욕이 나지 않았다. 새로운 세상을 열기가 막막하기만 했다. 두렵기도 했다.

귀농학교는 그런 점에서 그에게 등댓불과 같은 존재다. 새로운 삶의 전환점, 골짜기를 빠져나와 만난 활짝 열린 개활지 같았다. 그때까지 그의 삶의 의식은 치열한 경쟁 속에서 어떻게든 살아남기 위해 남보다 열심히 뛰어야 한다는 생각뿐이었다. 그렇게 살아왔고 그러한 삶은 자연히 한계에 부닥치고 스트레스를 받을 수밖에 없었다.

박 씨에게 귀농학교의 수업은 삶에 대해 새로운 눈을 뜨게 해준 일대 사건이었다. 삶의 의미와 방법에 대한 전혀 새로운 잣대,

그것은 신선한 충격이었고 일상에 매몰돼 있던 그의 정수리를 내리치는 시원한 죽비였다. 생태적 삶의 가치, 느린 삶의 행복, 자립적 삶과 공동체에 대한 수업은 지금까지의 삶을 되돌아보게 했다.

"지금껏 제 삶은 살아온 게 아니었습니다. 매주 화요일과 목요일 귀농학교에 갈 때마다 새로운 세상과 만남으로 가슴이 떨렸습니다. 저의 무뎌진 의식은 서서히 벼려졌고 또 다른 가능성에 대한 희망이 싹을 틔우기 시작했습니다. 그것은 그때까지의 제 삶에 대한 해체 작업이기도 했습니다."

생각이 바뀌니 변화들이 생겼다. 그는 학교 수업을 마치고 오면 부인에게 생태적 삶, 자발적 가난, 니어링 부부의 삶을 이야기했다. 은근히 귀농의 뜻을 내비치기도 했다. 남편의 체육관 사업에 온갖 노고를 마다 않았던 부인은 이제 어느 정도 기반이 잡혔다고 생각했는데 도대체 무슨 뚱딴지같은 소리냐고, 언감생심 엉뚱한 생각은 꿈도 꾸지 말고 쐐기를 박곤 했다.

그는 여전히 생업인 태권도장을 하면서 틈 날 때마다 귀농과 관련 있는 프로그램에 참가했다. 집짓기 학교에도 나갔다. 장차 전원에 스스로 집을 지어보겠다는 야무진 꿈도 꿔봤다. 집짓기 현장, 귀농학교 선배들의 농가도 찾아다녔다. 귀농하는 데 부인의 협조가 무엇보다 필요할 것이란 생각이 들었다. 강권하다시피해서 부인도 귀농학교에 입학시켰다. 그는 농 삼아 부인을 의식화(?)시키는 데 3년 이상이 걸렸다고 한다. 그렇게 해서 부산 귀농학교의 유명한 '박상호-지현숙 커플'이 탄생했다.

그들 부부는 학교 행사가 있으면 도맡아 앞장선다. 떠들썩하게 내놓고 하는 것도 아니고 조용히 일을 쳐내는 걸 보면 내공이 만만찮음을 알 수가 있다. 매달 한 번씩 열리는 귀농학교 운영위원회에도 박 씨는 먼 걸음을 한달음에 달려온다. 항상 부인 지 여사를 동반한 채.

인생의 전환점 됐던
가족 국토순례

2008년은 그에게 큰 전환점이 된 해였다. 여름에 가족이 국토순례에 나섰다. 당시 중3이던 둘째와 부인까지 세 명이 이 땅의 산하를 걸었다. 박 씨가 국토순례를 구상하게 된 데는 먼저 결혼 20년이 된 시점에서 돌아보니 부부 관계가 다분히 형식적으로 돼 있더라는 것이다. 매너리즘에 빠졌고 소원한 부분까지도 있더라는 판단이 들었다.

"어느 순간부터 각자의 생각에 빠져 살았고 한 이불 속에 누워도 저는 저대로 집사람은 집사람대로 였습니다. 부부 간의 대화도 의무감에 따른 형식적인 게 되기 일쑤였고요. 부부의 본래적 모습을 되찾아야겠다는 생각이 들었습니다. 결혼 초의 순정한 관계, 진솔함과 열정을 회복하고 싶었어요."

초심으로 돌아가 보자고 시작한 게 국토순례라는 이벤트였다. 또 그 과정을 통해서 아내에게 자신이 생각하는 귀농의 꿈을 이해시키고 싶기도 했다. 세 식구가 부산에서 출발해 남해안을 가로질러 진도와 완도를 둘러보고 땅끝마을로 갔다. 다시 거기에서 한반도 중부를 관통해 강릉을 거쳐 통일전망대까지 걸었다. 꼬박 40일의 여정이었다. 그 시간은 부부 관계와 가족과의 연대를 확인한, 서로를 이해하고 소통하는 귀중한 시간이었다. 비좁은 텐트에서 더위에 시달리고 모기에 물리는 고달픈 일정이었지만 국토를 걸으며 농촌 현장을 시시각각으로 교감했다. 박씨에게는 새로운 삶에 대한 자기 단련의 담금질이기도 했다.

국토순례가 막바지에 접어들었을 때 연암대학으로부터 면접 통보를 받았다. 출발 전에 연암대 귀농 과정을 신청해놓았던 것이다. 연암대 귀농 과정은 '귀농 사관학교'로 불릴 만큼 잘 짜인 프로그램, 역량 있는 강사진, 탄탄한 실습으로 이름이 나 있다. 가족 국토순례가 끝나자마자 면접을 보고 연암대 귀농 과정에 입교했다. 부산귀농학교에서 귀농을 통한 생태적 삶의 소중함을 배웠다면 연암대 귀농 과정은 귀농에 실질적 도움이 되는 프로그램으로 꾸려졌다. 4개월짜리 교육 과정인데 3개월은 이론 공부와 현장 견학을, 마지막 1개월은 선도 농가를 선정해 숙식을 하면서 실습하는 과정이었다.

4개월 과정을 마친 뒤 부인과 함께 산청군 생비량면으로 거주를 옮겼다. 그동안 틈틈이 경남 일대를 돌아다닌 뒤 내린 결론이었다. 마침 생비량 면소재지에 작은 집이 하나 나서 전세를 얻었다. 그곳을 택한 데에는 산을 좋아하는 박 씨의 의중이 작용했다. 평소 주말마다 산을 찾을 만큼 등산을 즐긴 그였다. 등산을 위해 부산에서는 처음으로 체육관 5일제를 실시했다. 넉넉한 지리산 품에 안겼으면 하는 바람이 산청에 거처를 마련하게 한 것이다.

생비량에서는 거의 1년을 보냈다. 그 기간은 아무 생각 없이 마냥 쉬고 충전한 시간이었다. 바쁜 일상의 굴레를 벗어나 느긋하게 조그만 텃밭을 가꾸면서 짬짬이 산청 일대를 뒤지면서 귀농 터도 물색했다. 그러기를 열 달 만에 지금 자리 잡은 이곳에 땅을 구했다. 유정란 양계를 염두에 둔 선택이었다.

박 씨가 자연방사 유정란 양계를 선택하게 된 계기는 우연이었다. 그가 연암대에서 귀농과정을 이수하던 중에 연암대와 산청군이 귀농과 관련한 자매결연을 하고 MOU를 체결했다. 협약식을 갖고 난 뒤에 '귀농인과의 대화'라는 회식 자리가 있었는데 교육생들도 참석했다.

"우연히 제 옆자리에 산청에서 자연방사로 유정란 양계를 하는 이태희 씨가 앉았어요. 그때는 3개월 교과가 끝나고 실습 농가를 선택해야 하는 시점이었습니다. 동기들은 벌써부터 귀농 작목을 정해 도상 실습을 하는데 저는 무엇을 할지 정하지 못한 상태였습니다."

그날 자리 배치가 그의 운명을 가른 셈이다. 다음 날이면 한 달간의 선도 농가를 정해야 해 고민스러웠는데, 마침 유정란 양계를 하는 이 씨가 옆자리에 앉은 것이다. 자연스레 대화가 유정란으로 옮겨갔고 박 씨는 실습 요청을 했다. 귀농은 부부가 함께 하는 일인데 실습장에 부인과 함께 가고 싶다고 부탁을 했고 선선히 승낙받았다.

그래서 박 씨 부부와 다른 여성 교육생 한 명, 이렇게 세 명이 산청 신안 갈전마을에 있는 이 씨의 양계장으로 실습을 나간 것이다. 한 달 동안 유정란 양계를 실습하면서, 이 정도면 해볼 만하다는 확신을 갖게 됐다.

그들의 집은 산내음 농장
계사 '7호실'

신안면 소재지에서 생비량면으로 가는 국도를 달리다가 오른쪽 청현교를 건너 5분쯤 더 가면 경남도축산연구소가 나온다. 연구소에 조금 못 미쳐 좌측 산 밑에 푸른 지붕을 인 '산내음 농장'이 자리 잡고 있다. 박 씨는 2008년 이곳 800평을 매입해 축사를 짓고 창고를 지었다.

계사 규모는 100여 평, 모두 다섯 칸으로 나뉘어 있다. 가장 왼쪽에서부터 세 칸이 닭을 키우는 계사다. 한 칸에 15평씩 모두

45평이다. 그 우측으로 사료 등을 저장하고 작업하는 창고 공간이고 가장 오른쪽이 박 씨 부부가 사는 생활 공간이 있다. 계사 앞에는 30평 정도의 방사장이 외부에 붙어 있다. 내부로 들어서니 계사가 예상보다 컸다. 높이는 무려 5m나 된다. 박 씨가 계사를 만들 때 대형 가축을 키우는 축사로 지었다고 한다. 철골조를 세우고 지붕을 얹고 벽체로 차양막을 달았다. 부인 지 씨는 닭이 1, 2, 3호를 차지하고 자신들은 '7호실'에 산다고 한다.

닭은 모두 500마리인데 세 칸에 나눠서 키운다. 닭들은 닭장과 연결된 개방된 방사장을 자유롭게 드나들며 충분한 햇볕과 흙 목욕을 즐긴다. 해마다 봄철에 250마리를 새롭게 입식한다. 닭들이 하루에 낳는 달걀을 300개 정도다.

"처음엔 250마리에서 시작했습니다. 판로가 없어 친척들과 지인들한테 팔았지요. 일찍이 해본 적 없는 일이라 고전했습니다. 사료만 제때 주면 닭이 잘 클 것으로 생각했지만 그게 아니었어요. 3월에 닭을 처음 입식했는데 날씨가 추웠습니다. 보온을 제대로 하지 않았더니 무더기로 감기에 걸렸고 산란율이 뚝 떨어졌지요. 계란을 낳다가 말다가 했습니다. 한편으로는 팔 데도 마땅찮은데 잘됐다는 생각도 했습니다."

주변에서는 항생제를 쓰면 감기를 빨리 잡을 수 있다고 충고했다. 무항생제 계란을 한다고 해도 항생제를 먹여 낳은 달걀을 회수해 폐기하면 문제가 될 게 없다고 했다. 하지만 박 씨 부부는 무항생제의 원칙을 고수했다. 원칙대로 가야 한다는 것. 처음부터 원칙이 흔들리면 앞으로 무수히 많은 경우에 편법을 쓰지 않겠느냐는 데 생각이 미치더라는 것이다.

여름이 되니 좀 나아졌다. 판로도 조금씩 늘어났다. 대부분 개인별로 주문받아 택배로 나간다. 지금은 그런 고정 회원이 150명 안팎이다. 비정기적으로 주문하는 고객까지 해서 지금 생산되는 전량을 소화시킨다. 고객이 원하는 날짜에 맞춰 일주일에 두 번씩 택배로 발송한다.

"중간 유통 과정에 제 물건을 내거나 시중에 납품하면 저희 농장 계란을 누가 먹는지도 모릅니다. 제가 생산한 게 어느 집 밥상에 올라갈지 모른다면 책임감이 또한 희박해질 것 아니겠어요. 저희 집 달걀이 소비자에게 가서 문제가 있을 경우 바로 피드백되는 만큼 책임감이 더 커지는 것이지요."

닭의 먹이는 대부분 사료를 쓴다. 사료 대부분이 수입되고 있어 여러 문제를 안고 있지만 현실적으로 대체할 뾰족한 방안이 없다. 일부 농가에서 자가 사료를 시도하기도 하는데 실패로 끝난다. 학교나 군부대에서 짬밥을 수거해 발효해 쓰는 방법인데, 들인 공에 비해 효과가 없었다고 한다. 곡물 대신 짬밥을 먹이니 산란율이 크게 떨어지더라는 것이다. 무항생제 유정란을 생산하기 위해서는 철저하게 항생제는 배제한다. 감기와 같은 질병이 들면 발효효소를 먹여 치료한다.

닭의 주 사료는 옥수수다. 부수적으로 목초액, 숯가루, 천연칼슘 성분의 굴껍데기 등을 먹인다. 여기에다 수시로 풀을 베어 먹이로 준다. 부사료들은 닭의 면역력과 필요한 영양을 공급해준다. 닭 한 마리가 하루에 먹는 사료는 120~130g이다. 500마리를 기르자면 하루에 70kg가 들어간다.

계사 바닥은 왕겨와 부엽토를 깐다. 부엽토를 넣는 것은 미생물 발효를 촉진하기 위해서다. 왕겨와 부엽토는 닭의 배설물과 섞여서 잘 익는다. 그래서인지 김 씨 계사에서는 일반적인 양계장에서 나는 특유의 악취가 전혀 나지 않았다. 일 년에 한 번씩 계사 바닥을 걷어내는데 나오는 거름은 농사짓는 이웃들이 가져간다.

"양계장 거름으로 닭의 사료인 옥수수를 키워서 먹이로 써야 제대로 된 유기축산이 됩니다. 하지만 그것은 현실적으로 불가능합니다. 닭 사료를 공급하기 위해서 엄청난 넓이의 땅이 필요하기 때문이지요. 아마 닭 500마리를 키우기 위해서는 옥수수

밭 수천 평이 필요할 겁니다."

흙포대 집 짓고
이중구들방 놓다

박 씨 부부는 현재 기르는 닭의 숫자가
적절하다고 생각한다. 보통 부부의 노동을 기준으로 유정란 양
계를 하는 경우 1000마리 안팎이 가능한데도 말이다. 박 씨 부부
는 귀농할 때 나름대로 원칙을 세웠다. 너무 욕심을 내지 말자.
소비를 줄이면 적은 생활비로도 충분히 살 수 있다. 일에 매여 사
는 삶, 먹거리가 아니라 공산품을 만들어내는 일은 결코 할 수
없다. 그러한 첫 결심이 변질되면 삶의 질이 떨어질 수 있다는 생
각에서다.

이들 부부는 하루 노동시간을 세 시간 정도로 잡고 있다. 닭
을 키우는 데 투자하는 시간이다. 나머지 시간은 좀 더 나은 삶
을 위해 사용한다. 새로운 것을 배우거나 하고 싶은 일을 하는
것에 할애된다.

지난봄부터 박 씨 부부는 창고 자리에 구들방을 짓고 있다. 직
접 구들을 놓고 벽을 쌓아 올린다. 지금 살고 있는 집을 지을 때
의 경험으로 자신감이 붙었다. 물론 축사를 지을 때 골조는 전문
가와 중장비를 동원했지만 축사 안의 살림집은 박 씨가 직접 지
었다. 부인 지 씨도 지붕에 올라가 못질을 했다. 집 안의 구조가
도시의 아파트 못지않았다. 박 씨는 집을 짓기 전에 건축 서적
도 보고 캐나다식 통나무집 짓는 현장에 나가기도 했다. 한옥 짓

는 현장에도 1년 정도 따라다녔다. 그러면서 집에 대한 개념을 잡을 수 있었다. 집에 대한 윤곽, 즉 개념이나 구조를 파악하고 나니 응용도 가능하더라고 했다.

박 씨 부부가 틈 날 때마다 만드는 구들방은 이중구들을 놓고 외벽은 흙 포대를 쌓는 형태다. 지난해 우연히 이화종 씨가 쓴 이중구들에 대한 책을 보고 직접 실현해보고 싶었다고 한다. 경주 내남에 있는 김희욱 교장 집을 찾아 이중구들의 이모저모를 살펴봤다. 그러고 나서 책을 보니 도면이나 공정이 이해가 되더라는 것이다. 지난봄에는 귀농학교 동문들과 함께 이중구들을 놓았다. 동문들의 손을 빌어 흙 포대도 2000여 개나 만들었다. 박 씨 부부는 매일 새벽 5시 반부터 한 시간 반 정도 흙 포대 벽체를 쌓아 올린다.

닭도 즐겁고 농부도 즐거운 사육 환경을 만드는 게 박 씨의 양계 제1원칙이다. 무엇보다 닭이 활동할 수 있는 공간을 많이 확보해주는 것을 중요하게 생각한다. 닭은 생명일 뿐 아니라 사람이 먹는 식품을 공급한다. 닭도 당연히 흙을 밟고 햇볕도 충분히 볼 수 있도록 해주고 암수가 자연스럽게 교배할 수 있게 해줘야 한다. 이것은 공장이 물건 찍어내듯이 무정란을 생산해내는 대형 양계시설과 근본적인 차이다.

"자세히 관찰해보면 닭들도 감정이 있음을 알 수 있지요. 놀라기도 하고, 기분이 나쁘면 서로 쪼기도 하고, 자기들끼리 왕따도 시켜요. 알을 못 낳거나 정상적이지 못한 애들이 왕따를 당해요.

그런 닭들을 케이지 안에 가둬 두고 알을 빼먹는 것은 인간의 무리한 욕심 아닐까요."

공장식 사육은 동물 복지를 무시한 인간의 욕심에 의한 비정한 사육방식이다. 욕심을 전혀 안 낼 수는 없지만 최소한의 공간을 보장해주는 것, 말 그대로 '계권'을 보장하는 게 닭도 좋고 결과적으로 사람도 좋은 사육 방식이다.

"닭장에 갇혀 있는 닭들을 보면 인간도 사회라는 철장에 갇혀 있는 것은 아닌가 하는 생각이 듭니다. 자본이 움직이는 거대한 체제 속에서 마치 케이지에 갇힌 닭처럼 사육당하고 있는 건 아닌가요. 귀농은 그러한 사육의 상태를 벗어나려는 본능적 의지가 아닐까요. 그것은 철학적·관념적 차원을 떠나 본능적 의지가 발동한 것으로 보입니다. 도시의 경쟁 속에서 틀에 박힌 삶, 경쟁해서 많이 벌고 많이 소비하는 구조, 소비적 욕구를 충족하기 위해 일에 쫓기는 생활이 행복할까요. 끊임없이 인간의 소비욕구를 자극하는 구조를 벗어나는 것이 중요합니다."

닭 이야기가 결국 사람 이야기가 됐다. 케이지 속 같은 도시의 삶에서 벗어나 자연과 교감하면서 농사짓는 것이 개인의 변화뿐 아니라 우리 사회의 변혁을 가져오는 길은 아닌가.

2부

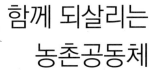

함께 되살리는
농촌공동체

몸살림으로 농사꾼
고된 몸 추스르다

함양 병곡 신종권

함양 읍내를 남북으로 관통하는 주도로가 함양로다. 함양로를 따라 시가지 중심부에서 북쪽으로 걷다 보면 야트막한 고갯길이 나오는데 진고개라고 불린다. 진고개를 넘어 내리막길로 들어서면 왼쪽에 함양농협 진고개지점이 나온다. 건물 외벽에는 '몸을 살리는 몸살림운동'이라는 커다란 현수막이 걸려 있고, 협동조합 만세 간판이 붙어 있다.

월요일 오전 11시 건물 3층에 자리 잡은 함양 몸살림운동 교육관을 찾았다. 신종권 이사장은 교육관 한쪽 테이블에서 하루 일과를 준비하고 있었고, 회원 몇몇은 서로의 자세를 바로잡아주면서 몸 풀기를 하고 있었다.

상업적 의료체계에 맞선
서민의 운동

신 이사장은 "몸살림운동은 뼈를 근간으로 사람의 자세를 바로잡아주는 운동"이라면서 "사람의 몸은 뼈와 뼈를 둘러싼 근육, 신경으로 구성돼 있습니다. 그런데 뼈가 틀어지면 근육이 굳어지고 신경이 눌려 제 역할을 못하면서 온갖 병이 생깁니다"며 말문을 열었다. 몸살림운동은 틀어진 뼈를 제자리로 바로잡으면서 근육을 풀고 신경을 되살리는 운동이다. 간단한 스트레칭이나 교정운동으로 진행된다. 몸살림운동은 스스로의 몸을 알고 돌봄으로써 우리 신체의 면역력을 높이고 몸에 이상이 생겼을 때 스스로 고치는 방법을 가르친다. 몸의 원리를 이해하고 병이 왜 생기는지를 알아서, 그것을 밝히는 원리에 따라 고장 난 몸을 정상으로 돌려놓는 것이다.

신 이사장은 근본적으로 현대의 상업적 의료체계가 문제가 많다고 지적한다. 의료산업이 사람의 병을 고치는 게 아니라 상시적으로 사람을 해치는 산업이라는 것이다. 그는 강고한 의료산업 체계를 깨나가는 것은 의미가 크다고 강조한다. 갈수록 커지는 의료산업의 비중, 개인의 생사여탈권을 병원이 쥐고 있는 잘못된 구조는 타파돼야 마땅하다. 병원과 약국에 의존하지 않고 스스로 병을 고칠 수 있게 하는 것이 몸살림운동의 취지다.

"혼자 살다가 혼자 죽어가는 구조, 사람의 몸마저 학대하고 압살하는 구조 속에서 우리가 살고 있습니다. 비정규직 노동자의 확대와 같은 노동력 착취도 모자라 이제 노동의 근원인 몸 자체를 착취하고 있잖습니까. 돈이 생명 위에 군림하는 체제 속에서 의료 시스템 또한 물신주의로 흐르고 있습니다. 산업화된 거대한 의료 시스템을 극복하는 데 작은 역할이나마 보태야죠. 몸살림은 협동조합으로서 호혜의 정신으로 개개 조합원의 병을 서로 돌봐줍니다. 그러한 몸살림의 정신을 체계화하고 구체화하는 게 제게 주어진 일입니다."

몸살림은 전래해오던 민간 인술을 몇몇 선각자들이 대를 물려

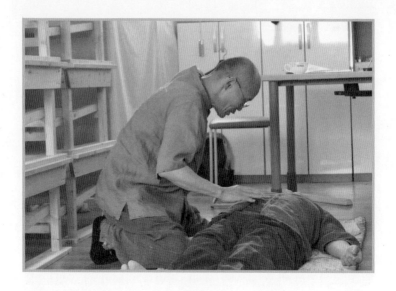

면서 체계화했다. 바르지 못한 자세로 뒤틀어진 몸을 제자리로
돌려놓는 것, 그것은 죽은 몸을 되살리는 일이다.

　그가 몸살림운동에 입문하게 된 것은 개인적 건강 때문이었
다. 오랫동안 교직생활을 해온 그는 한때 위궤양, 척추디스크, 축
농증 등 온갖 병을 달고 살았다. 너무 심해 누워서 꼼짝하지 못
하다 병원의 수술대에 오르기까지 했다. 결국 건강 악화로 교단
에서 물러났고, 귀농해 농사를 무리하게 지으면서 더 나빠졌다.
태평농을 한다고 기계에 의존하지 않고 호미와 낫을 들고 몸으
로 농사를 짓다 보니 무리가 왔던 것이다. 귀농을 통해 여유 있
는 삶속에서 건강을 회복하려던 게 오히려 몸을 혹사해서 더 망
가졌다. 농사일이 재미있었고 빨리 무언가를 이루겠다는 조급증

이 화근이었다.

건강을 회복하기 위해 여러 가지 민간요법을 동원하는 등 나름대로 이 공부 저 공부 하다가 2005년 몸살림운동을 만나게 된다. 바로 이거다 싶었다. 그해부터 본격적으로 수련했는데 한 달에 한 번씩 서울까지 올라가서 배웠다. 그리고 그는 자신의 병을 고치는 걸 넘어서 이제 '몸살림 전도사'가 됐다. 주변에 몸살림 운동의 좋은 취지와 운동법을 가르쳐주기도 하고 고쳐주기도 했다. 그런 과정에서 모인 사람들로 지난해 협동조합 만세를 결성하고 함양 읍내에 수련장을 열었다. 조합원 대부분은 귀농자들로 몸살림을 통해 병을 고친 경험자들이다. 한 구좌에 50만 원 하는 회비를 출자한 조합원이 60명에 이른다.

"몸살림은 모든 운동의 뿌리입니다. 대체의학을 하든 현대의학이든 서양의학이든 간에 기본은 몸살림이 돼야 합니다. 이게 되지 않는다면 어떤 병도 근본적으로 고칠 수 없습니다."

그와 조합원들은 스스로를 수련하며 몸살림의 취지를 확산시키기 위해 애쓰고 있다. 함양뿐만 아니라 거창이나 합천, 산청, 남원 등지에서도 수련생들이 꾸준히 찾아온다. 그들을 중심으로 지역별로 모임을 갖고 있다. 그는 특히 귀농인들에게 몸살림 운동을 적극적으로 배우길 권한다.

"귀농한 뒤 현지인과 교감하려면 주고받을 게 있어야 하는데 도시 사람이 농촌에 들어가 잘할 수 있는 게 뭐가 있겠습니까. 밭을 잘 갈기를 하나 논을 잘 매기를 하나, 몸을 관리할 줄 아는 능력은 농민들에게 좋은 매개 역할을 할 것입니다. 농민들은 평생 논밭에 엎드려 일하면서 몸이 많이 망가져 있지요. 몸살림을 배워 몸이 안 좋은 현지 농민들에게 운동을 가르쳐주면 자연스럽게 동화할 수 있지 않을까요."

광주항쟁 진상 알리려다
해직당해

　　　　　　　　　신 이사장 부부와 늦은 점심을 먹고 그의 집이 있는 병곡면 대광리로 향했다. 그는 매일 아침저녁 두 차례 읍내 교육관으로 출퇴근해 수련생들을 지도한다. 그는 병곡에 터를 잡고 한옥을 짓고 스스로 자급할 농사도 짓고 있다. 2007년에 들어왔으니 벌써 8년째다. 논농사가 2000평쯤 되고 자급자족할 정도의 밭농사를 짓고 있다. 밭농사는 태평농으로 짓는다. 밭을 갈지 않고 농약과 비료는 전혀 쓰지 않는다. 비닐멀칭도 하지 않는다. 그의 밭을 둘러보니 작물과 잡초가 한데 어우러져 함께 자라고 있었다.

　그는 '운동권'이다. 대학시절에는 학생운동을 하고 사회에 나와서는 광주민주화운동에 동참을 시도하다가 해직당하기도 했다. 한살림운동도 하고 지금은 몸살림운동을 하고 있다. 그가 대학을 다니던 1970년대는 독재로 민주주의가 압살되고 국민들의 생각마저 통제되던 시절이었다. 역사학도로서의 젊고 정의로운 혈기가 그러한 현실을 용납할 수 없었다. 그리고 잘못된 세상을 바로잡는 데 교육만 한 수단이 없다고 생각했다.

　그래서 그는 선생이 됐다. 4학년 때 벼락치기로 공부해서 순

위고사를 봤다. 그러나 공립학교 발령을 앞두고 사립학교로 갔다. 대학 은사가 공부 좀 더 해서 뒤를 이어달라는 말씀에 대학원을 진학했다. 돈을 벌면서 대학원 공부를 하려니 야간부가 있는 사립학교를 찾지 않을 수 없었다.

부산의 한 상업계 고교였는데, 출근해 보니 교육환경이 말이 아니었다. 상상을 초월할 정도로 나빴다. 당시 시험문제지는 원지를 긁어 등사기를 밀어서 만들었는데, 전교에 그게 한 대뿐이었다. 무엇보다 아이들이 처한 환경이 너무나 열악했다. 학교식당 음식은 사람이 먹을 게 아니었다. 불량식품을 팔기까지 했다. 그런 와중에 학교에서 보충수업을 실시하겠다고 했다. 실업고 야간부에 형편이 안 되는 아이들을 상대로 학력신장이란 미명 아래 선생들의 부수입을 올리려는 것이었다. 얼마나 화가 났는지 모른다. "대체 이게 무슨 짓이냐, 낮에 직장에서 일하고 밤에 교실에 앉아 있는 것도 힘든 아이들에게 보충수업을 하겠다니…."

그가 반발하면서 문제제기를 하자 학교 측에선 교무회의에서 교사들이 다수결로 결정하자고 했다. 학생들의 의사는 전혀 물어보지도 않고.

마침 그와 생각을 같이하는 선배 교사 두 명이 도와줘 반대토론에 나섰다. 추진 교사들이 토론에서 밀리고 논리가 궁해지자 신 선생은 아직 아이가 없으니 그런 소릴 하는 것 아닌가 하더란다. 집에 아이 딸리고 씀씀이가 커지면 월급만으로 생활이 안 되니 과외라도 해서 돈을 더 벌어야겠다는 말로 받아들여졌다. 환멸을 느끼지 않을 수 없었다.

세상을 바꾸겠다고 교육의 길에 들어섰고 교사에 대한 자부심이 컸는데 하루아침에 무너져버렸다. 당시는 선생을 하다가 기업으로 이직하는 경우가 많았는데 언론에서는 교사 처우가 안 좋으니 우수 인재가 교직을 떠난다고 보도하곤 했다. 도대체 '우수한 교사'의 기준이 뭔가, 교육이 무엇인가 회의가 들었다.

"교사가 천직이라 여기며 제 나름의 자존감을 가지고 있었는데 그 일을 겪고 나니 이것은 아니다, 라는 생각이 들었죠. 당시는 역사적 격변기였습니다. 독재자 박정희가 심복의 총에 맞아 죽고 신군부가 12·12정변을 일으켜 권력을 장악했습니다. 세상 돌아가는 꼴이 살맛을 잃게 했죠. 자연히 교사생활도 의미가 사라졌고요. 시국 상황을 살피면서 내가 역할 할 바가 무엇인지 찾았습니다. 광주에서 5·18민중항쟁이 일어났고, 군대가 무차별적으로 살육의 만행을 저질렀습니다. 하지만 신문이나 방송은 광주시민을 폭도로 몰아갔지요. 이것은 아니다, 이대로 있어서는 안 된다, 그래서 광주항쟁을 알리고 신군부의 집권야욕을 저지하기 위한 시위를 해야겠다고 생각했습니다."

그는 유인물을 만들어 광주항쟁의 진상을 알리고 시민들의 시위를 촉발시키고자 두세 차례 동지를 규합해 모임을 가졌다. 그러다가 5월 말께 합수부에 끌려갔다. 당시 그는 신혼 초였는데 부인은 첫애를 낳고 둘째를 뱃속에 가지고 있을 때였다.

그는 재판을 받고 감방살이를 했다. 출옥을 하니 아무것도 할 게 없었다. 신군부가 집권한 살벌한 시대였다. 그래서 부인이 학교에 출근하면 애 보고, 그러다가 도저히 안 되겠다 싶어 건강식품, 학습지 대리점도 했다. 열심히 한다고 했으나 신통찮았다. 결국 학원강사로 나섰다. 학원강사 하면서 당시 결성됐던 부민협 활동이나 교사운동을 드러나지 않게 지원했다. 당시 뜻있는 부산의 교사들이 Y교사회를 조직했고, 그 단체는 뒤에 교사협의회로 발전했다.

사회적 분위기가 무르익자 젊은 교사들을 중심으로 전교조를 결성하려 했다. 당국의 방해공작과 정치적 압력이 엄청났다. 정부는 참여하는 교사들을 해직시키겠다고 위협했다. 부모는 물론 친인척까지 동원해서 별별 짓을 다했다. 해직교사인 그는 "해직 별것 아니더라. 나를 보면 알잖느냐"며 선생들을 부추겼다. 부산대 도서관 앞에서 전교조 결성식을 할 때 "현직에서 떨지 말고 해직돼서 광명 찾자. 현직교사 해직되어 교사적체 해소하자"고 구호를 외치기도 했다.

"당시 돌아가신 박순보 선배가 전교조 지부장을 맡고 있었는데, 같이 일하자고 해서 전교조에서 상근을 했습니다. 참교육실천위원장, 부지부장을 지냈죠. 그러다가 1994년에 복직을 했는데 공립학교였습니다. 문민정부가 광주민주화 관련 해직자의 복직을 약속했지만, 대통령 담화에도 불구하고 먼저 근무하던 사립학교에서 복직을 시켜주지 않았던 것이죠. 할 수 없이 공립학교에 신규채용 형식으로 복직했습니다."

그가 학교로 돌아가 보니 예전의 학교가 아니었다. 신군부가 정권을 잡고 88올림픽을 치르면서 우리나라도 소비문화의 광풍에 휩쓸렸고, 교직사회도 예외가 아니었다. 선생들은 교사운동보다 소비생활을 탐닉했고 개인주의화됐더란 것이다. 예전엔 교사들끼리 술 한 잔 하면서도 자연스레 교육, 학교와 아이들 이야기를 했는데 모이면 노래방이나 갔다. 적응이 되지 않았다. 학교는 여전히 문제가 쌓여 있지만 그것을 고치자고 행동에 나서는 교사는 여전히 드물었다. 신군부의 우민화정책에 휩쓸려서 카드긁고 자동차 사고, 그런 소모적 분위기가 주를 이뤘다. 카드와 증권으로 선생들도 소비화되고 보수화됐다. 자본과 정치권력이 펼쳐놓은 놀음판에서 순치돼갔다.

"동료 교사들에게 학교 안에 고칠 게 있으면 문제제기만 해주면 싸움은 내가 해준다고 해도 꿈적 않았어요. 아이들을 위해서나 교사 자신을 위해 바꿔야 할 게 너무 많은데도 선생들은 움직이지 않았죠. 도저히 적응하기 힘들었습니다."

그는 저녁에는 전교조 활동하느라, 학교에 가면 아이들 가르치느라, 또 교장과 교감들과 싸우느라 눈코 뜰 새가 없었다. 자연히 출근하면 스트레스를 받았다. 오늘은 어떤 문제들을 또 어떻게 해결해야 하나, 어떻게 싸울 것인가로 머릿속이 복잡했다.

국가로부터 보상받아
농사지을 땅을 사다

세상이 바뀌었다. 변했다. 스승도 없고 스승의 자리도 사라졌다. 더 이상 학교에 남아 있을 필요가 없다는 생각이 들었다. 학교를 떠나는 일이 당시 그가 할 수 있던 유일한 선택이었다. 그리고 삶에 대해 근본적으로 돌아보기 시작했다. 농사를 짓자는 생각이 들었고 틈이 날 때마다 땅을 보러 다녔다. 하지만 땅을 살 여유가 없었다.

원상회복 투쟁에 나섰다. 과거 교직경력을 되살려달라고 정부를 상대로 소송했다. 국가 공권력을 잘못 사용해 한 개인이 14

년이나 공백기를 갖게 됐다면 당연히 책임지고 배상해야 한다고
주장했다. 긴 싸움 끝에 2001년에 원상회복 판결을 받았고 국가
로부터 배상이 아닌 보상을 받았다.

　그 돈으로 빚을 갚고 땅을 샀다. 밀양 산내 얼음골에 있는 밭
700평이다. 태평농 실험하고 감과 대추 등 유실수를 심었으며 채
소 농사도 했다. 부인은 학교에 나가고 그 혼자 들어가 컨테이너
농막을 짓고 농사를 지었다. 태평농 한다고 거름도 안 주고 농사
를 지으니 배추가 시금치만 했다. 지금 돌아봐도 무모한 실험이
었다. 나중에 부인이 들어올 것에 대비해 25평짜리 집도 지었다.
하지만 갈수록 농사환경이 나빠졌다. 밀양 얼음골 사과가 유명
해지면서 주변이 급속하게 변하기 시작했다. 일대가 주말이면 시
장통이 되다시피 번잡해졌다. 더 이상 살 곳이 아니다 싶어 밀양
부북으로 옮겼다. 하지만 얼마 되지 않아 새롭게 자리 잡은 터전

으로 고압 송전탑이 지나간다고 했다.

"어떻게 할 것인지 고민했습니다. 대학 시절부터 지금까지 평생 싸워왔는데 또 싸움을 해야 하나. 귀농을 한 것도 싸움의 방향을 틀어보자는 것이었는데 또 송전탑 반대 투쟁에 나서야 하는가, 하는 회의가 들었지요. 결국 내가 추구하는 삶을 위해 이곳을 떠나자는 판단이 섰습니다."

대체지역을 물색하다가 정착한 곳이 현재 사는 이곳 병곡 대광리다. 2007년 2월 땅 3000평 정도를 매입했고, 이듬해 집을 짓고 부인과 함께 들어왔다.

신 이사장의 삶에서 한살림운동도 빼놓을 수 없다. 그는 교육을 통해 세상을 변화시키고자 선생의 길을 들어섰는데 여의치 않았다. 그렇게 교사운동에 한계가 오자 사회운동, 삶의 한계에 대해 근본적으로 성찰하게 됐고 한살림 쪽으로 관심이 기울어졌다. 생명운동이 모든 운동의 뿌리가 되고 토대가 될 수 있다는 생각이 들었다.

"그동안 치열하게 생존을 위해 투쟁해왔습니다. 그것이 어느 정도 해결되자 내면을 돌아보게 된 것이지요. 특히 교육을 통해 세상을 바꾸겠다는 제 생각이 벽에 부딪치면서 새로운 모색을 한 셈이지요. 밥을 먹는 게 중요한 게 아니라 밥이 어떻게 만들어지는가가 중요하다고 생각했습니다. 단순한 먹거리가 아니라 제대로 된 먹거리가 중요하고, 그것이 바로 생명운동이라 생각하고 한살림운동에 뛰어든 것이지요."

그는 2004년부터 2007년까지 4년 동안 부산한살림 이사장을 맡았다. 부산한살림의 틀을 다지는 데 기여했다. 무엇보다 조합원 교육에 힘썼다. 대의원들과 지역을 돌면서 한살림 정신을 되살리자고 외쳤다. 당시에 이미 한살림도 거대화되면서 변질되고 있었다. 물량주의에 휩쓸려 너무 많이 소비하려고 하는 풍조에 맞서 초기의 정신으로 돌아가길 호소했다. 지금 전국 한살림 중에서 부산한살림이 그나마 기본원칙에 충실한 데에는 신 이사장의 역할이 컸다고들 한다.

그는 한살림 전국모임에서 잇따라 문제를 제기했다. 물류체계를 개혁해야 한다고 주장했다. 지역에서 생산한 생산물을 지역에서 바로 먹지 못하고 서울을 거쳐 다시 내려오는 중앙집중적 시스템의 문제점을 지적한 것이다. 생산자들의 등급을 매기려 하는 발상에 대해서도 목소리를 높여 반대했다. 자연히 한살림 주류와는 불편한 관계가 되었었다.

부산한살림에는 조합원으로 가입하면 두 시간 정도 한살림 조합원으로서의 정신이나 자세 등에 대한 교육을 받는다. 그가 이사장 때 만들어진 제도다. 특히 조합원 1인당 일 년에 쌀 10kg를 의무적으로 소비하는 제도를 만든 것은 특기할 만하다. 이사장 마지막 해엔 그러한 원칙들을 지키지 못한 조합원 700명을 정리하기도 했다.

밥과 몸으로 사회변혁
고리 만들어야

그는 어떤 조직에서든 지도자로서의
어려움을 절감했다. 문제점을 지적하고 대안을 내놓으려면 스스
로 떳떳해야 하는데, 늘 그게 어려운 일이라는 걸 느껴왔다. 그래
서 그는 함양으로 옮기면서 지행합일의 온전한 삶을 살아보자고
새삼 스스로 채찍질을 했다.

함양에 정착하자 곧 두레를 만들었다. 그가 몸살림운동에 몰
두하면서도 2000평이나 되는 농사를 짓는 것은 두레활동의 도
움이 크다. 병곡에 자리 잡으면서 주변의 뜻있는 귀농자들을 규
합해 두레를 만들었다. 모를 심을 때나 김을 맬 때, 수확할 때 등
일손이 많이 필요한 논농사에 서로 상부상조하자고 해서 만들어
졌다. 두레활동의 원칙은
한 사람이 다른 사람을 위
해 한 해에 두 번 이상 도
움을 주는 것으로 정했다.
현재 멤버는 10가구이고
주로 귀농자가 많은 백전
면에 살고 있다.

명칭이 '두레살림'인 이
모임은 해마다 결산하고
새롭게 구성한다. 구성원
들은 40대부터 60대까지

고르게 포진돼 있다. 지속성을 위해 다양한 연령층을 고려한 결과다. 농사두레와 별도로 두 달에 한 번씩 모인다. 각자 도시락을 싸와서 음식을 함께 들며 살아가는 이야기를 나누며 정을 돈독히 한다.

"농촌공동체를 되살려야 합니다. 공동체를 살리는 게 농촌만이 아니라 인류가 살길입니다. 나이든 농촌세대가 이제 얼마 뒤면 사라질 것인데 새로운 공동체를 준비해야 합니다. 농사를 위한 두레도 건설해야 하고요. 같이 노동하는 게 중요합니다. 노동을 같이하지 않는 모임은 결국 소비생활밖에 안 됩니다. 더불어 함께하는 농사두레가 중심이 돼 쇠잔해진 농촌공동체를 이어야 합니다."

신 이사장은 물신이 지배하는 세상을 변혁하기 위해서는 운동방식도 바뀌어야 한다고 강조한다. 그는 한살림 운동과 몸살림 운동을 결합시켜 나가는 조합을 추구하고 있다.

"한살림의 밥, 몸살림의 몸, 몸과 밥을 하나로 묶어 사회의 모순을 깨쳐나가는 운동이 필요합니다. 밥과 몸만큼 사람과 사회를 변화시키는 고리는 없습니다."

몸과 밥을 고리로 세상을 바꿔보자는 게 그의 원대한 꿈이다. 이는 생명을 바탕으로 한 본원적이고 본질적인 운동이다. 잘 먹고 잘 살고 건강한 게 행복한 삶 아닌가. 모든 사람이 그렇게 사는 세상이 왔으면 좋겠다.

제발 집은 작게 지으시라

신종권

귀농(귀촌) 바람이 불고 있다. 내가 살고 있는 집 근처에도 최근 새집이 들어섰다. 한겨울 추위 속에서도 거침없이 공사가 진행되더니 불과 서너 달 만에 없던 집 한 채가 들어섰다. 주변 풍광이 바뀌었다. 불과 3년 전만 해도 이 골짜기에는 우리 집밖에 없었다. 그래서 오는 사람마다 외롭지 않으냐, 무섭지 않으냐를 인사 삼아 했는데, 이젠 "외롭지 않겠습니다"를 인사말로 듣는다.

역시 '산천은 의구란 말', 시인의 허사다. 이런 변화가 좋기도 하고 싫기도 하다. 좋은 이웃이 생기면 좋고, 좋은 이웃이 어느 날 안 좋아지면 싫고 그런 게다. 그 반대의 경우도 있을 수 있겠고. 역으로 내가 좋은 이웃인지도 모르겠고. 어쨌거나 엉터리나마 시골살이 한 지도 꽤 됐고 해서 시골에서 사는 법에 대해 더러 아는 체해야 할 때가 있다.

그때마다 내가 부탁하다시피 하는 말이 있다. "제발, 집은 작게 지으시라"고. 집 크게 지으면 반드시 크게 후회한다고. 주위에서 볼 수 있는 예를 들어가면서까지 그래야만 하는 이유를 설명해준다. 그런데 내 말을 새겨듣는 사람은 드물다. 대부분 3대가 함께 살아도 될 집을 짓는다.

시골에 살면서 지은 집이 세 채다. 첫 번째 지은 집은 시멘트, 철근 잘 다져 지은 벽돌집이고 두 번째 지은 집은 나무와 흙의 조화를 꾀한 기와집이다. 현재 살고 있는 집이다. 그리고 세 번째로 지은 집은 ALC벽돌로 지었다. 집의 크기는 열댓 평이고 화장실은 재래식 구조로 되어 있다. 이 집이 가장 내 마음에 든다. 그런데 남의 집이다.

한 번만 더 지으면 아주 잘 지을 것 같다. 허나 그럴 기회는 없을 것이다. 집을 작게 지어야 할 이유는 크게 지어야 할 이유만큼 많다. 돈 적게 들고, 관리 수월하고, 유지비 덜 들고, 좋은 점이 한두 가지 아니다. 그런데도 사람들은 집을 크게 짓는다. 이미 부모 품을 떠났거나 떠날 나이가 된 아이들 방, 옷만 넣어두는 방, 제사 때 일가친척 다 모여도 비좁지 않을 거실 등으로 집을 키운다. 거기에다 넓은 마당까지 더한다.

나이 들면 자연 알게 된다. 아이들은 일 년에 한두 번 와서 얼굴만 보이고 가고, 한때 거실을 채웠던 사람들은 액자 속 사진으로 남아 있다. 넓은 마당은 며칠만 풀 뽑기를 소홀히 하면 백초효소를 담을 만큼 풀로 가득하게 된다. 작은 집은 윤리에 맞다. 생태 훼손이 덜하다. 그리고 아름답다. 사람의 마음을 따뜻하게 한다.

왠지 모를 그리움을 낳는다. 작은 집 짓고 살면 돈이 덜 들고 시간이 남는다. 남는 돈, 남는 시간을 이웃에 쓰면, 스스로 행복하고 이웃도 행복할 수 있으니 공생이 따로 없다. 시골에 오라. 그러나 큰 집에 대한 욕심은 도시에 버리고 오라. 커다란 농, 커다란 소파 다 버리고 오라. 시골에 와서도 도시 사람 부럽지 않게 살고 싶다고? 그러면 제발 거기에 머물라. 귀농이든 귀촌이든, 그야말로 세상의 끝을 본 사람만 오라.

성장이니 경쟁 따위에 더 이상 휘둘리지 않고, 턱도 없는 부자신화, 성공신화에 목을 매지 않는 사람으로 오기 바란다.

– 부산한살림 소식지 『한살림』 2014년 7·8월호

운명처럼 스며든
지리산 자락

함양 마천 김석봉

부산을 출발할 때부터 하늘이 잔뜩 찌푸렸다. 오랜 가뭄에 갈증으로 뒤척이는 이 땅덩이 위로 한바탕 소나기라도 쏟아졌으면 하고 기원해본다. 함양을 향해 남해고속도로를 달리는 버스 차창에 성긴 빗발이 잠시 비치기도 했다. 정오 무렵에 함양버스 터미널에서 도착했다. 목적지인 마천면 창원마을로 가는 버스는 오후 2시에 있었다. 두 시간 정도 여유가 생겨 함양 읍내를 둘러보기로 했다. 마침 함양 장날이어서 시장을 찾았으나 예전의 5일장처럼 북적거리는 분위기는 아니었다. 함양에 올 때마다 들르곤 하던 시장통 식당에서 어탕국수로 요기를 했다.

느릿한 군내버스 차창으로 흘러가는 풍광들이 정겨웠다. 한껏 짙어진 녹음이 손을 흔들고 빗발은 간간이 차창에 부딪치며 명멸한다. 장날인데도 버스 칸에는 손님이 거의 없다. 초등학교 저학년쯤 되어 보이는 다섯 아이들이 얼음과자를 하나씩 빨면서 재잘거린다. 도로변 곳곳에는 외양이 호사스러운 전원주택이 보인다.

남원군 인월면을 지나자 숲의 밀도가 높아지면서 겹겹이 겹쳐진 지리산 능선들이 눈앞으로 다가온다. 으스름 푸른빛을 띤 산자락, 색의 명암으로 거리감을 느껴본다. 산협이 뿌리내린 계곡에는 바윗돌이 가득하다. 우거진 수초들 사이로 옅은 물줄기가 고개를 내민다. 깊은 계곡마저도 이 지독한 가뭄을 피해가진 못한 모양이다.

곧이어 산내와 실상사라는 이정표가 나온다. 산내. 흔한 지명이다. 산내면은 뱀사골을 품고 있고, 실상사는 귀농운동으로 유명하다. 일찍이 도법 스님이 귀농학교를 만들고 생태적 귀농의 기치를 들었던 곳이다. 산내에는 귀농자들이 포화 상태를 이뤄 더 이상 외지에서 안 들어왔으면 한다는 이야기도 돈다.

남원으로 잠시 외도했던 버스가 함양군 영역으로 들어섰고 마천면 소재지가 나왔다. 마천은 백무동과 칠선계곡의 입새다. 짙푸른 산자락이 눈앞에서 아우성을 치면서 압도한다. 세상의 혼탁함을 한순간에 씻어버리려는 기세다. 칠선계곡 초입 금계마을을 지나 버스는 왼쪽으로 방향을 틀어 산을 오른다.

천왕봉과 주능선이
한눈에 보이다

창원마을 입구에서 내렸다. 눈앞에는 몇 길이나 됨직한 언덕이 솟아 있고 그 위에는 연륜이 깊게 밴 당산나무가 버티고 있었다. 올라가 땀을 잠시 식히는 새 빗발이 차츰 굵어지기 시작했다. 마을길을 따라서 죽 올라갔다. 동네 경로당 정자에는 마을 할머니들이 모여 늦은 점심인 듯 국수를 들고 있었다.

길을 중심으로 마을이 양쪽으로 펼쳐져 있고, 마을 맨 위에

'창원생태마을 체험관'이 나왔다. 오늘 만나기로 한 김석봉 씨가 중심이 돼 운영하는 마을기업이다. 그사이에 빗발이 제법 굵어졌다. 체험관 앞마당의 정자에 자리를 잡았다. 눈앞에는 비구름에 파묻힌 지리산 산군이 장엄하게 펼쳐져 있었다. 정자에서 비를 피하고 있는 새 김 씨의 전화가 왔다. 급한 볼일로 읍내에 나갔던 그가 마을에 도착했다며 곧장 체험관으로 올라오겠다고 했다.

잠시 뒤 사람 좋은 웃음을 터뜨리며 김 씨가 수인사를 건네왔다. 정자에 마주 앉았다. 바싹 마른 땅덩이로 빗발이 스며들면서 풀 냄새와 흙 냄새가 피어올랐다. 체험관 뜰 앞 얕은 돌담에 핀 능소화가 빗물을 후두둑 떨어뜨리며 기지개를 켰다. 전망 좋은 곳에서 맞는 오후 한나절은 평화와 안식이 머물렀다. 빗소리 속에서 그가 이곳에 스며든 내력을 듣는다.

솔직히 이 풍광 좋은 곳에 떡하니 자리 잡은 그가 부러웠다. 지난해 봄 한 TV의 인간극장에 나온 그의 삶을 보면서, 나도 저렇게 살아봤으면 하는 생각을 했다. 그와 마주한 이 자리, 마을 맨 윗자락의 생태체험관은 해발 500m 정도 된다고 한다. 사방이 산으로 둘러싸였지만 멀리 천왕봉과 반야봉, 세석평전으로 이어지는 지리산 주능선이 한눈에 잡혀 갑갑하지 않다. 그에게 3대가 선업을 쌓았던 모양이지요, 하고 이곳에 자리 잡은 사연을 재촉했다.

그는 이곳에 터를 잡은 것은 가히 '운명적'이라고 했다. 그가 이곳을 처음 발견할 당시 그는 귀농할 처지가 못 됐고 귀농에 대해 생각해본 적도 없었다. 정말 우연히도 지금 살고 있는 집이 마음에 들어서 이곳에 뿌리를 내리게 됐다. 이 마을에 첫발을 들여놓은 지 24일 만에 진주에 있는 집을 정리하고 옮겨 왔다. '운명적' 인연을 짐작케 하는 대목이다. 그의 표현을 빌리자면 집 주인이 농협 빚 때문에 야반도주하다시피 하고 2년 동안 비워진 집은 발 디디기조차 힘들 정도로 엉망이었다고 한다. 마당에는 풀들이 사람 허리께까지 차오르고 벽은 허물어져 내리는 등 온전한 게 없었다고 한다.

낡고 작은 집 보는 순간
마음이 끌려

그가 창원마을과 첫 대면을 한 것은 2007년 여름 어느 날이었다. 잘 아는 후배 하나가 느닷없이 지리산 드라이브나 하자고 해서 칠선계곡으로 놀러갔다가 이 동네에 발길이 닿았다. 그리고 지금 뿌리내려 살고 있는 집을 운명적으로 만났다. 마을 입구에서 후배가 아는 사람을 만났는데, 빈집이 하나 있으니 한번 보라고 해서 따라왔더란 것이다.

"사람이 살지 않아 금방이라도 무너질 것 같은 집이었어요. 풀이 가득한 집 마당에 들어서는 순간, 마음이 너무 좋았죠. 당장 서울에서 조그마한 음식점을 하던 집사람에게 연락을 했죠. 그 다음 주에 두 사람이 와서 봤는데 집사람도 너무 마음에 들어 했습니다."

당시는 그가 진주환경운동연합 공동의장을 맡은 지 일 년밖에 안 되던 시점. 사무국장을 못 구해 자신이 상근 활동을 할 때였다. 그의 부인은 서울에서 궁중요리를 공부하며 경복궁 옆에 '에코밥상'이라는 친환경 식당을 열고 있었다. 그가 이곳으로 들어올 수 있는 사정은 아니었다. 그런데 운명적으로 지금 사는 집에 마음이 끌렸고 순식간에 이곳으로 들어왔다. 그리고 우려했던 모든 문제들이 해결됐다. 무엇보다 자식 장가보낸 게 최고의 선물이었다. 지리산의 후덕한 베풂이 아닐까 생각돼, 그는 늘 감사하다고 한다.

그는 이곳으로 옮겨 오기로 작정하고 전 재산을 탈탈 털어보니 3500만 원쯤 되더란다. 50평생 살았는데, 서글프기도 했다. 하지만 그 전 재산으로 지금 사는 집을 구입했다. 이곳에 들어온 이듬해에 그는 사단법인 숲길 상임이사를 맡는다. 숲길은 2007년 지리산생명연대를 중심으로 만들어져 지리산둘레길 조성사업에 나서고 있었다.

"이사 온 해 12월에 젊은 친구들이 찾아와서 지리산둘레길 만드는 일에 동참해달라고 했어요. 무엇보다 사업을 이끌어갈 리더가 없다면서 저보고 상임이사를 맡아줬으면 했습니다. 그래서 이듬해 2월 상임이사를 맡고 지리산 북부구간 50km, 남원 주천에서 산청 수철에 이르는 구간을 기획했죠. 1년 동안 현장을 다니면서 이곳으로 온 인연을 다시금 생각하게 됐지요. 아무리 생각해봐도 내가 이곳에 자리 잡고 지리산에 기대 살아가는 것은 운명적이라 할 수밖에 없어요."

그는 살 집하고 배우자는 두 번 생각해서 안 된다고 한다. 첫 느낌, 첫 순간이 운명을 좌우한다는 것이다. 이 남자와 살아도 괜찮을까, 이 여자와 함께해도 될까 하는 생각이 한 번이라도 든다면 결혼을 해서는 안 된다는 게 그의 지론이다.

둘레길에 매달리던 2009년 전국환경운동연합 공동대표로 뽑혔다. 이명박 정권이 들어서고 난 뒤에 정부는 시민단체에 대해 노골적인 적대감을 드러내던 시기였다. 당국은 시민단체 활동을 하나하나 문제 삼기 시작했다. 시민단체들이 위기로 내몰린 가운데 환경운동연합 활동가들의 추천으로 대표에 추대된 것이다. 그는 정부와 각을 세우고 있는 시민단체의 대표로서 100% 정부 보조금에 의존하는 법인의 상임이사를 맡는 게 옳지 않다는 생각이 들어 그만뒀다. 이후 4대강 개발 반대 등 이명박 정권의 환경과 생태말살 정책에 맞서 치열하게 투쟁한다. 이곳에서 농사지으면서 서울을 오르내리기를 밥 먹듯 했다.

마을기업으로 새 출발한
생태체험관

          그는 이곳에 들어온 첫해에는 농사를 짓지 않았다. 지리산 풍광을 가까이서 즐기면서 도시생활의 찌꺼기를 씻어냈다. 2008년 봄 이웃이 밭 300평을 빌려주면서 농사 한 번 지어보라고 해서 농사일을 시작했다. 그 이듬해엔 세 마지기를 더 빌렸고 또 그 이듬해는 다른 이의 땅 두 마지기 그다음 해에는 네 마지기를 더 빌려 농사지으면서 본격적인 농사꾼의 길로 들어섰다.

"작년에는 무려 열다섯 마지기, 3000평의 농사를 했습니다. 마을기업을 시작한 첫 해인데다 농사까지 늘려 지으려니 무척 힘들었죠. 고구마 농사 빼놓고는 잘 되지도 않았고요."

그는 세 가지 일을 한다. 농사짓고, 지리산 둘레길을 찾는 이들을 상대로 창원마을체험관을 맡아 운영하고, 집에서도 민박을 한다. 원래 체험관은 산림청 지원 사업으로 시작됐다. 마을에서 땅을 대고 건축비는 정부로부터 지원받아 5년 전에 지었다. 그동안 유야무야하다가 지난해 마을기업으로 거듭나면서 새 출발을 한 셈이다. 한 동의 관리동과 두 채의 게스트하우스로 꾸며져 있다. 지리산을 바라보는 전망이 체험관의 자랑거리다. 최초에는 이 마을 터줏대감 김 씨 집안의 젊은이가 운영을 맡았다. 지리산 둘레길이 열리고 TV의 유명체험 프로그램을 타면서 제법 알려졌다. 초창기에는 손님들이 잇따랐는데 관리가 제대로 되지 않고 둘레길에 대한 관심도 식으면서 급기야 마을 창고처럼 사용되면서 방치됐다.

그러던 것을 작년에 김 씨가 중심이 돼 체험관을 운영할 마을 기업을 제안하고 12명의 주민이 참여해서 영농협동조합법인으로 새롭게 출발한 것이다. 다들 평생 농사만 지어온 탓에 생소한 일을 꺼렸다. 결국 김 씨가 운영을 떠맡을 수밖에 없었다. 마을기업은 해마다 마을발전기금 1000만 원을 내고, 이익금은 자체 적립한다.

마을은 자연스럽게
만들어지는 것

창원마을은 100세대 가까이 사는데 대부분 농사를 짓고 부업 삼아 민박을 하는 집도 여럿 있다. 원래는 창몰 창마을 창고마을이라고 불리다 언젠가부터 창원마을이 됐다. 예전에 이 일대에서 나오는 거둬들인 세곡이나 진상품을 쌓아두는 창고가 있었다고 한다. 마을 안에는 윗당산, 꽃당산, 서편당산, 아랫당산 등 여러 개의 당산을 거느리는 등 유서가 깊다. 이 마을에 지리산둘레길 5코스가 지나가면서 사람들이 찾게 됐고, 체험관을 중심으로 외지인들에게 지역의 특산물을 판매하기도 한다.

근년에 들어 수려한 풍광과 높은 해발로 인한 좋은 기후 조건으로 외지인들이 전원주택을 짓고 들어와 사는데 모두 17가구나 된다고 한다.

"산촌은 농사지어 먹고 살기 어렵습니다. 이곳에서 농사로 경

제문제를 해결할 수 없어요. 그래서인지 귀농보다 귀촌이 많아
요. 연금을 받거나 고정적 수입을 가진 사람들이 풍광에 이끌려
정착하고 있어요. 생산 활동은 하지 않고 조용하고 안락하게 공
기 좋은 곳에서 살려는 사람들이죠. 모두 별장 같은 집을 짓고
삽니다. 어떤 이들은 주말에나 한 번씩 들르고요."

그는 그렇게 들어와 사는 이들은 마을주민이 아니라고 잘라
말한다. 그들은 마을주민과 같은 공간에 살면서도 기름처럼 돌
면서 섞이지 않는다. 인위적으로 섞을 수는 있지만 그건 바람직
하지 않다는 것이다. 마을은 만드는 게 아니라 자연스레 이뤄지
는 것이라는 게 그의 생각이다. 억지로 만든다고 마을이 안 된다.

농사지으려고 들어오는 경우는 주민들과 섞여 한 마을이 될 수 있다. 사는 목적과 방법이 같기 때문이다. 물론 농사법 등에 차이는 있다. 유기농 하는 사람과 관행농 하는 사람 사이에 기술적 차이는 있는지 몰라도 사는 모습은 같다는 게 그의 주장이다. 먹고사는 문화가 서로 같아야 마을이 이뤄진다. 그는 최근의 귀농 귀촌 러시에 대해 한마디 던진다.

"도시 사람이 귀농하려면 적어도 자기 부모나 가까운 친척 등 연고가 있는 곳으로 가는 게 바람직합니다. 물 좋고 산 좋다고 엉뚱한 데 가서 마을에 섞이지 않으면서 겉돌며 사는 것은 서로에게 좋지 않죠. 옆집에는 잘 가지 않으면서 산 넘어 같은 귀촌자에게 가는 게 현실입니다. 그래서는 안 됩니다. 끝내는 스스로 고립되고 맙니다."

그래서인지 그는 자신과 말이 통하는 귀농자들이 많이 사는 남원 산내에는 잘 나가지 않는다. 술을 마셔도 늘 동네 노인들과 마시고 전을 부쳐 먹어도 마을 사람들과 함께한다. 귀농하려면 그런 자세부터 필요할 것이라고 덧붙인다.

"동화돼야 합니다. 귀농하면 무엇보다 농촌, 농민, 농업의 본질에 충실해야 합니다. 현실은 말만 귀농이지 별개로 노는 경우가 많습니다. 그래서 얼마나 행복한지 모르겠어요. 삶의 방식을 바꾸려면 철저하게 현장에서 부닥치고 뿌리내려야 합니다. 그럴 때 비로소 행복한 귀농을 이룰 수 있을 겁니다."

그는 농촌에 귀농하면 그곳 사람들과 하나가 돼야 한다고 강조한다. 그는 집에서 민박 수발하고 마을기업 하고 바쁘지만 적잖은 농사를 짓는다. 농촌에서 살면 농사꾼으로 원주민들과 같은 삶의 모습이 필요하다는 것이다. 돈만 생각하면 뙤약볕에서 농사짓는 것보다 민박 방 한 칸 내는 게 낫지만, 그것은 예의가 아니라고 한다. 칠십 팔십 되는 노인들이 허리가 휘도록 일하는데 젊은 자신이 민박이나 한다고 빈둥거려선 안 된다는 것이다.

그가 창원마을 주민이 된 지 8년째, 이웃과 더불어 산다고 하지만 쉽지는 않다. 농촌 사회가 갖는 집단성과 폐쇄성 때문일 것이다. 이곳도 오랫동안 지리산에 둘러싸인 채 외딴 섬과 같았고, 주민들의 연령도 높다. 무엇보다 굴곡진 현대사를 겪으면서 험한 세상을 살아왔다. 그래서인지 피아 의식도 크고 완고하다. 하지만 이곳에 들어온 이상, 이들과 이웃으로 사는 한 마음을 열고 눈높이를 맞춰 살아갈 수밖에 없다.

"얼마나 폐쇄적인가 하면 시장엘 가면 상한 고기를 내놨던 집이라도 그 집밖에 가지 못합니다. 다른 곳으로 가는 것, 새롭게 관계 맺는 걸 부담스러워 해요. 거래하는 이하고만 말을 섞고 처음 본 사람과 마주치는 걸 꺼리죠. 해방 공간과 전쟁 때 당했던 엄청난 피해의식이 여전히 살아 있다고 볼 수밖에 없습니다. 그런 걸 생각하면 마음이 짠합니다."

이런 분위기 때문에 마을기업을 하면서 힘이 들었다. 마을 사람 열두 명이 동참하여 동회를 통해 공식적으로 체험관을 운영하기로 결정하고 이장과 조합 측이 체험관 임대계약까지 마쳤다. 그런데 그전에 그것을 운영하던 위세 좋은 집안의 젊은이가 열쇠를 안 주고 비워주지도 않았다. 체험관에 딸린 각종 집기를 2000만 원에 인수하라는 것이다. 따지고 보면 개인재산도 아닌데 막무가내였다. 그러면서 체험관을 운영할 외지인을 물색하겠다는 것이었다.

　참으로 어처구니없는 것은 마을기업에 참여한 조합원마저도 아무 소릴 못하는 것이었다. 이치에도 맞지 않는 억지를 부리는 걸 못 본 척하더라는 것이다. 짐작건대 마을 터줏대감의 위세에 맞서는 게 부담스러웠을 것이다. 김 씨는 하는 수 없이 2000만 원을 변통해서 계약을 유지했다. 그러면서 그들 집안사람들과 부인들로 꾸며진 법인이사를 다 사퇴시키고 이장과 주민들이 골고루 맡는 것으로 바꿨다.

아들 부부와 윗집 아랫집
'너무 행복'

　　　　　　　　그가 창원마을에 와서 납득하지 못할 일도 겪긴 했지만, 여기에서 사는 것이 너무 행복하다. 무엇보다 아들 부부와 이웃에 사는 것이 그렇게 좋을 수 없다. 아들 휘근 씨는 서울에서 대학을 다녔다. 문창과를 졸업하고 시를 쓴다. 서울에서 돈 되는 출판사에 취직했다가 한 해 만에 그만두고 이곳으로 내려왔다. 아무런 대책도 없이 내려온 아들이 앞날이 막막하게 여겨졌다. 처음에는 김 씨 부부가 무척 걱정을 했다고 한다. 그러나 하루, 한 달, 두 달, 시간이 흐르면서 생각이 달라지더란다.

"이 사회 어디든 필요 없는 사람이 있겠습니까. 어디서 어떤 역할을 하던 자기가 좋아하는 일을 하는 것은 나무랄 일이 아니지요. 이 산골에 젊은이가 박혔다고 뭐가 잘못됐지, 하는 생각을 해봤죠. 그랬더니 마음이 편해졌습니다. 오히려 아들과 함께 있으니 더 좋아지고 의지가 됩디다. 어려운 일 생기면 의논도 하고, 이것저것 일도 시키고…. 그러다가 아들이 좋은 처자 만나 결혼까지 하고, 윗집 아랫집 해서 사니 너무 행복합니다."

물론 옛날처럼 어른에게 절대적으로 순종하는 아들 부부는 아니지만 가까이서 보고 산다는 게 너무 좋았다. 지난해 봄 어느 날 아침, 논에서 일하고 있는데 저쪽 산모퉁이에서 며느리가 손짓을 하면서 불러 달려가 보니, 양손에 피를 흘리면서 도와달라는 것이었다. 함께 산책 나온 강아지가 덫에 걸려 빼내려고 하는데 마음대로 되지 않고, 개가 고통스러우니 마구 물었다. 덫을 열고 개를 꺼내 안고 내려가는데 뒤따라오는 며느리가 훌쩍거리더란다. 맨 먼저 드는 생각이 며느리가 농촌살이 못하겠다고 하면 어떡하지 하는 것이었다. 다행히 며느리는 덫에 친 강아지가 안타까워서 훌쩍거렸다고 한다.

그는 옆에 피붙이, 살붙이가 있다는 게 참 소중한 일이구나 새삼 깨달았다. 사실 이 참한 며느리도 아들보다 김 씨 부부가 먼저 알았다. 며느리가 처녀 시절 지리산둘레길을 걷다가 우연히 김 씨 집에서 민박을 한 게 인연이 됐다. 서로가 그렇게 편안하고 익숙할 수 없더란 것이다. 그래서 다음 해도 오고, 그다음 해도 오고 하다가 집에 내려와 있던 아들과 서로 눈이 맞았다.

　김 씨 집은 대문이 없다. 입구에 철제 아치를 만들고 능소화를 올렸는데 그게 대문 역할을 하는 셈이다. 입구 담벼락에 민박집 간판이 걸려 있는데 자못 긴 이름이다. '산촌민박 지리산 꽃 별 길 새'다. 간판에는 민박집 이름보다 훨씬 큰 글씨로 '사람이 온다는 것은 어마어마한 일이다. 그 사람의 인생이 함께 오기 때문이다'라는 글귀가 자리 잡고 있다. 위채와 아래채인 옛집을 개조했다. 김 씨 부부가 거처하는 위채는 넓은 주방이 있어 쓰임새가 있고 편리하다. 민박으로 내놓는 아래채 또한 정겹기 그지없다.

　"농사짓고 민박 치고 마을기업 하고 바쁘고 고되기도 하지만 우연찮은 만남에 가슴이 뜁니다. 민박이란 게 단지 잠자리를 거래하는 게 아니라, 사람과 사람이 만나는 일이잖아요. 오늘은 어떤 손님이 찾아올까, 소중한 인연을 기다리곤 한답니다."

안주인이 차려낸 건강하고
맛깔스런 밥상

그의 집에 들어서면 마당 가운데 화단이 눈길을 끈다. 소녀와 같은 김 씨의 부인 정노숙 씨가 틈틈이 가꿔놓은 화단은 어릴 적 시골집 마당 한쪽에 가꾸던 작은 꽃밭을 떠올리게 한다. 장독대를 마주 보고 있는 화단엔 온갖 화초가 가득하다. 어른 키 높이의 하늘나리가 활짝 꽃을 피우고 있다. 블루베리 나무도 한 그루 서 있어 오며 가며 잘 익은 열매를 따 먹는 재미가 쏠쏠하다고 한다.

민박용으로 쓰는 아래채는 60년이나 된 집인데, 리모델링해서 방 세 개를 만들었다. 따뜻하고 정갈했다. 하룻밤 자보니 군불을 때는 구들방이 그렇게 아늑하고 편안할 수 없었다. 김 씨 집의 민박을 찾는 손님들은 무엇보다 안주인이 차려내는 밥상에 매료된다. 만만찮은 요리 솜씨가 한몫을 하는 셈이다. 정 씨는 한때 진주와 서울에서 식당도 열었고, 지난 10년 동안 궁중음식연구원에 다니며 체험지도사 인증도 받았다. 요즘에도 생협 등에서 요리강사로 활동한다.

이들이 내놓는 밥상은 건강하고 맛이 있다. 집에서 직접 기른 신선한 먹거리, 농약도 비료도 치지 않고 유기농으로 재배한 각종 식재료들이 정 씨의 손맛을 더해 손님들의 밥상에 오른다. 현미밥과 제철 식재료로 만든 맛깔스런 반찬이 나온다. 그들의 밭에는 소량다종으로 없는 것이 없다. 정 씨는 자기 집 밭을 '농협 하나로마트'라고 한다. 집에서 부식으로 먹는 채소와 야채는 거의 망라하고 있다. 고추, 들깨, 양파, 마늘, 파, 감자, 피망, 고사리, 더덕까지.

"사람들에게 좋은 먹거리를 공급하는 것은 농부의 일입니다. 우리의 먹거리가 지금 얼마나 엉망이고 취약합니까. 그래서 잠시 이곳에 머무는 이들에게 최선의 먹거리를 내려고 합니다. 우리 집 밥을 먹고 싶어 계속 온다는 단골손님도 생겼습니다. 어떤 이는 여름날 고추장에 찍어 먹던 풋고추 맛을, 어떤 이는 장떡 맛을 잊지 못하겠다고 합니다."

아들 휘근 씨 부부가 사는 집은 바로 김 씨 집 아래채를 지나 계단을 통해 내려가면 나온다. 동화 속에나 나옴직한 소박한 집이다. 집 한쪽을 터서 '마을카페 안녕'을 열었다. 카페는 세 개의 탁자가 놓인 자그마한 공간이다. 소품 하나에 이르기까지 감각 있는 젊은 부부의 정성이 스며들어 있다. 마른 꽃으로 만든 장식이며 못 쓰는 문짝을 활용한 메모판이 정겹다. 바깥 처마 아래도 테이블이 놓여 있고, 마당에는 온갖 허브식물로 가득하다. 이들의 소박하고 작은 카페에서 둘레길을 걷는 길손들이 들러 차를 마시고 땀을 식힌다. 어떤 이는 빈 물통을 내밀어 물을 얻어 가기도 한다.

카페 벽에 붙어 있는 칠판에는 휘근 씨가 아내 기보름 씨를 위해 결혼 2주년을 기념한 시를 써놓았다. 요즘 사람들 같지 않은 소박한 삶을 사는 젊은 부부의 모습이 너무 아름다웠다. 그들을 지켜보는 김 씨 부부의 마음 또한 얼마나 행복할까 짐작이 되고

도 남았다. 김 씨는 은근히 며느리 자랑을 한다.

"며느리가 너무 고마워요. 저희들과 함께 살아주는 것만 해도 고마운데 마을과 동화되려고 하는 모습이 흐뭇해요. 며느리는 카페에서 일하다가 동네 할머니들이 밭일을 마치고 돌아올 때쯤이면 얼음 커피를 준비해 대접해요. 카페 앞길에 무거운 짐을 들고 다니는 노인이 있으면 달려나가 들어주곤 해요. 그런 마음 씀씀이가 너무 고맙지요."

김 씨의 집에서 하룻밤을 머물기로 했다. 저녁 밥상에는 특별한 음식이 올랐다. 김 씨가 지리산 흑돼지고기를 구웠다. 간혹 귀한 손님이 오면 고기를 굽거나 술을 내놓는데, 마침 정 씨와 궁중요리를 같이 공부하던 이의 가족이 광주에서 찾아온 것이다. 밥상에 같이 앉는 게 식구라더니 금세 친해졌다. 한 팀이 더 있었는데 안산에서 온 두 여성이다. 한 사람은 지역 노동상담소에서 일하고 다른 이는 세월호기억저장소에서 일한다고 한다. 맛있는 밥상을 앞에 놓고 김 씨 부부로부터 아들 부부와 알콩달콩 재밌게 살아가는 이야기를 듣는다. 절로 행복해졌다.

개와 고양이도 함께 사는 '다생명공동체'

김 씨 집에는 사람들만 찾는 게 아니라 온갖 동물들도 스며든다. 가히 다생명공동체라고 할 만하다. 개가 다섯 마리, 거위 두 마리, 고양이는 무려 서른 마리나 같이 산다. 13년 동안 데리고 살았다는 바둑이는 이제 늙어서 눈도 제대로 안 보이고 거동도 불편하다. 손님이 찾아오면 어느새 옆에 와서 몸을 슬며시 갖다 붙인다. 어미 고양이 세 마리가 새끼를 대여섯 마리씩 낳았는데 본채 마루 밑, 아래채 마루 옆, 그리고 지붕 위에서 산다.

그는 마흔 마리나 되는 이들의 이름을 일일이 붙여주고, 그들과의 스토리를 줄줄이 꿴다. 그가 이곳을 운명적으로 찾아들었던 것처럼, 동물들과의 만남도 운명적이었다. 강아지 복실이와의 인연은 6년이 됐다. 남원 인월에서 숲길 일을 할 때 만났다. 어느 날 사무실 앞을 배회하는 강아지를 집에 데리고 와서 6개월을 온갖 정성을 다해 키웠다. 털빛도 윤기가 돌고 눈빛도 맑아졌다. 그런데 갑자기 사라졌다. 동네를 이 잡듯 뒤지고 숲을 헤쳤지만 행적이 묘연했다. 그런데 그 복실이를 8개월 뒤 인월시장에서 마주친 것이다. 꾀죄죄한 모습이었지만 복실이가 틀림없었다.

"복실아 복실아, 이름을 부르면 다가갔지만 슬금슬금 달아납니다. 나중에는 차 밑에 기어들어가 나오지 않았어요. 몇 번을 애타게 불렀더니 슬며시 나오더군요. 그래 머리를 쓰다듬고 자세히 살펴보니 제가 달아준 식별표를 그대로 달고 있었지요. 정말이지 8개월 만에 운명적으로 해후하고 다시 데려왔습니다. 그 작은 강아지가 어떻게 수십 리가 더 되는 길을 갈 수 있었는지, 또 그곳에서 다시 만날 수 있었는지 이해가 되지 않았습니다. 이게 운명이 아니고 무엇이겠습니까."

그가 정이 듬뿍 담긴 눈길을 주면서 복실이의 털을 쓰다듬었다. 그는 자신과 함께 사는 개와 고양이들의 내력을 줄줄이 읊는다. 그가 자신의 또 다른 동거인들에 대해 이야기를 하는 모습을 보면 천상 타고난 이야기꾼이다.

다음 날 새벽, 김 씨의 하루 시작에 동행했다. 김 씨는 아들 집

앞을 지나 마을 건너편에 있는 논으로 먼저 갔다. 천천히 논두렁을 돌면서 물꼬를 봤다. 그리고 산길을 따라 위로 올라가니 김씨가 경작하는 밭들이 층층이 잇대어 있었다. 감자밭을 갔는데 명아주 등 온갖 풀들이 무성해 어느 게 감자인지 풀인지 분간이 되지 않는다. 다른 집 밭들은 제초제를 뿌려서인지 말끔했다. 김씨는 제초제 대신 손으로 풀을 뽑는다. 감자밭은 미처 제때 풀을 제거하지 못한 탓에 온통 풀밭이 된 것이다. 감자밭 위로 고구마밭과 땅콩밭을 둘러봤다. 맨 위쪽 산에 잇대 붙은 밭에는 더덕과 도라지, 고사리 등을 키운다. 고라니나 멧돼지들이 들어오는 걸 막기 위해 울타리를 만들어놓았다. 그는 울타리의 이상 유무를 점검한 뒤 바로 옆 얕은 계곡의 장난감 같은 다리를 건너 또 다른 일터 체험관을 향했다.

우리는 체험관 마당에 서서 운무에 갇혀 시시각각 변하는 지리산의 모습을 한참이나 바라봤다. 그는 숙소동을 일별해보고 관리동으로 들어가 이것저것 살펴보고 간단한 청소를 했다. 그리고 망원경을 들고 나왔다. 지리산 천왕봉에 초점을 맞춘 렌즈를 통해 정상에 오른 사람들의 실루엣을 본다. 여섯 사람이 천왕봉 정상 표지석 주변에서 움직이는 모습이 어렴풋이 보인다. 날씨가 맑은 날은 사람들의 형태가 또렷하게 보인다고 한다.

지리산이 한눈에 들어오는 곳에서 뜻 맞는 부인과 아들 부부와 함께 살아가는 그는 행운아다. 그것 또한 그의 운명이리라. 「논 앞에 서면」이라는 그의 시에서 그의 내밀한 행복을 엿본다.

논 앞에 서면 / 나는 어린 모가 되고 싶다. // 뿌리를 감싼 한 줌 흙이 되고 싶다가도 / 물꼬를 넘어오는 따뜻한 / 한 줄기 봇도랑 물이 되고 싶다가도 // 논 앞에 서면 / 나는 그대의 그리움이 되고 싶다. // 논두렁에 서서 한정 없이 기다리다가도 / 먼 길을 따라 흘러가는 / 한 줄기 실바람이 되고 싶다가도. // 아, 나는 여물지 못한 / 아직은 한 포기 어린 풀. // 논 앞에 서면 / 나는 꿈을 꾸고 싶다. // 익어 고개 숙인 이삭이 되고 싶다가도 / 가난한 이웃의 저녁 밥상 / 넉넉한 온기로 사라지고 싶다가도.

길고양이 '예삐'

김석봉

이 녀석이 우리 집에서 가장 노련한 암컷고양이 '예삐'랍니다. 이 녀석은 올해 새끼를 무려 여덟 마리를 키웠답니다. 몸은 야윌 대로 야위어서 가끔 방 안에 들여 간식을 먹이곤 했지요.

사연인 즉 이 녀석의 어미 '바쁜이'가 있었는데 어찌나 바쁘게 마당을 뛰어다니던지 이름을 그렇게 지었더랬지요. 그 '바쁜이'가 새끼 네 마리를 낳고 병에 걸려 시름시름 앓다 죽었어요. 거의 같은 시기에 이 녀석도 새끼 네 마리를 낳았답니다.

어미 잃은 새끼를 이 녀석이 거두어 젖을 먹이기 시작하더니 다 자라 마당에 나올 때까지 키워내는 것이었습니다. 혼자 여덟 마리를 돌보기가 힘들었는지 이 녀석은 지붕을 거처로 삼고 살았지요. 길고양이지만 그 모성이 얼마나 지극했던지 우리는 탄복을 했어요.

아, 그리고 죽은 '바쁜이'에 대해서 얘기하지 않을 수 없네요. '바쁜이'는 3년 전에 태어나 줄곧 우리 집 마당에서 살았답니다. 이 녀석이 올해 봄 엉덩이 쪽이 벌겋게 헤지기 시작하더니 종적을 감추더군요. 새끼는 뒷마당에서 울어대는데 우리는 걱정을

많이 했답니다.

사라진 지 사나흘이 되던 날, 마당 어귀 장독대 곁에 '바뿐이'가 나타났어요. 많이 수척해진 모습에 가슴이 아팠습니다. 얼른 들어가 햄 조각을 들고 나와서 던져주었는데 먹으려고 생각도 하지 않더니 앞집으로 사라졌습니다.

그리고 이틀 후 마지막 인사를 하러 온 것인지 우리 집 평상에 '바뿐이'가 나타났습니다. 아내가 얼른 들어가 먹을 것을 내왔는데 그 사이 어디론가 떠나가 버렸어요. 그 뒤론 '바뿐이'를 볼 수 없었습니다.

우리가 별로 해준 것도 없었는데 아니, 마지막으로 자기 새끼들 목소리라도 들어보려고 그 아픈 몸으로 나타났다가 사라진 '바뿐이'. 그저 길고 양이라고 생각이 없는 것은 아니더군요. 그 '바뿐이'의 모습이 눈에 선합니다.

- 네이버블로그 산촌민박, 2015. 07. 09.

또 하나의 대안,
귀농의 의미 살리기

합천 가야 정우택

그는 귀농이 미화되는 걸 경계했다. 현실과 동떨어진 귀농 관련 글들의 폐단을 지적했다. 그리고 자신이 글로 표현되는 걸 꺼렸다. 글이 자신의 삶을 규정하고, 그 틀에 갇혀버릴 수 있을 것이란 염려 때문이었다. 일순 당황스러웠다. 취재 일정까지 잡아서 이렇게 마주 앉았는데, 중간 역할을 해주었던 이의 표정에도 곤혹스러움이 비쳐 나왔다. 그럼 취재와 무관하게 살아가는 이야기나 나누자고 했다. 7월 어느 일요일 합천군 가야면 구미리 정우택 씨 집 거실에서 일이다.

"합천에도 많은 사람들이 들어왔습니다. 별의별 방식으로 먹고 삽니다. 경제적 조건 등 현실적 차이가 다 달라서 나타나는 외양도 천차만별입니다. 초심으로 농사짓고 사는 이도 있고 여전히 자리 잡지 못하고 떠도는 사람도 있습니다. 세상에 알려지길 바라지 않는 사람도 있고 외형을 드러내기를 좋아하는 사람도 있지요. 문제가 있는 경우는 함께 해결해보려 하지만 그게 잘되지 않습니다."

그는 '귀농', '귀촌'이란 용어에 대해서 문제 제기를 했다. "귀농이라면 좀 있어 보이는지, 그저 '농사지으려 들어왔다'고 하면되는데…" 귀농자라는 지칭이 오히려 지역민과의 괴리를 만든다는 것이다. 귀농자, 귀촌자로 규정되어버리면 현지인들에게 쉽사리 '우리'로 받아들여지지 않는다. 밖에서 들어온 '또 다른 세상의 사람'으로 비칠 수 있다는 것이다.

"알게 모르게 거리를 만드는 '벽의 언어'입니다. 귀농이란 단어로 스스로를 가둬버릴 수 있다는 점을 염두에 둬야 합니다. 원래부터 사는 사람이든 새로 들어오는 이든 열린 마음을 갖는 게 중요합니다. 그럴 때 같이 농사짓고 어우러져 살 수 있습니다."

정 씨의 지적에도 불구하고 대화가 전개되는 중에 우리는 끊임없이 '귀농'이라는 관념어를 되풀이할 수밖에 없었다.

『녹색평론』 독자모임에서 평생 동지를 만나

그의 귀농은 『녹색평론』 부산 독자모임이 발판이 됐다. 그는 젊은 시절 문청이었다. '시인은 본질적으로 가장 심오한 생태론자'라는 김종철 선생의 말에 꼭 맞는 사람이다. 1998년 그는 귀농할 준비를 하며 남는 시간에 부산의 한 시민단체에서 회보를 만드는 자원봉사 일을 하고 있었다. 『녹색평론』이 지향하는 생태적 가치에 깊이 공감하고 독자모임에 참석했다. 그는 모임에서 '생태적 삶'의 평생 동지이자 일상을 함께할 류선경 씨를 처음 만난다. 당시 류 씨는 공무원 생활을 그만두고 '농적 삶'을 꿈꾸고 있었다. 그는 가톨릭에서 운영하는 우리농에서 일했다.

그에게 『녹색평론』이 주는 새로운 가치의 울림은 삶의 전환을 가져올 정도로 신선한 충격이었다. 적게 벌어 적게 쓰자는 자발적 가난, 공빈공생의 삶이야말로 막다른 곳으로 내몰린 문명의 위기를 넘어설 수 있는 대안이라고 확신했다. 『녹색평론』부산 독자모임은 부산대에서 자주 모였고 정 씨와 류 씨도 자연스럽게 만나 서로에 대한 가능성을 발견하게 된다.

부산 독자모임 몇몇 멤버들은 귀농의 꿈을 간직한 채 천규석 선생이 창녕 남지에서 하던 공생농두레 농장을 찾아가 직접 일을 배우며 농촌으로 들어갈 채비를 했다. 정 씨 부부도 그들 중 하나였다. 하지만 그들의 열정도 시간이 가면서 식어가기 시작했다. 구체적 실천이 따라주지 못하니 공허했다. 처음엔 동지를 만나 기뻐했고 의기투합했지만 매번 같은 사람들이 만나 똑같은 이야기를 하고 행동이 따르지 않는 한계를 절감했다. 과연 이런 모임을 계속해야 하는가 하는 회의도 들었다. 당장 농촌으로 들어가지 못하면 숨이 막힐 것 같았다.

급기야 정 씨는 합천을 새로운 삶의 터, 녹색 삶의 전진기지로 선택해 들어갔다. 류 씨와 서로 호감을 갖고 만나기 시작한 지 얼마 되지 않을 무렵이었다. 그는 어느 문중의 재실로 들어갔다. 물도 안 나오고 군불을 때는 구들방에서 살았다. 주변에 비슷한 삶의 궤적을 지닌 젊은이들이 몇이나 됐다. 그들은 함께 만나고 함께 고민하고 함께 일했다. 비로소 사람답게 사는 것 같았다. 아내 류 씨가 그 시절을 떠올렸다.

"정말이지 그렇게 생태적으로 살겠다는 한 가지 생각만으로도 기꺼이 버티고 행복했던 시절이었던 것 같아요. 저는 부산에

서 자주 그곳으로 내려갔어요. 부족하고 헐벗은 일상에도 남편
과 그들의 대화는 열정으로 가득 찼고 표정은 밝았어요. 당시 남
편은 시를 썼는데 연애편지가 바로 시였죠. 그렇게 좋을 수가 없
었어요. 그의 시에도 새로운 삶에 대한 기대와 열정이 묻어났죠."

그들은 2002년에 결혼을 한다. 처가에서 반대를 했지만 그들
의 뜻을 꺾을 수 없었다. 정 씨는 스스로 내세울 게 없었다고 한
다. 남의 집 귀여운 막내딸을 농촌으로 데리고 들어가겠다고 했
으니 장인·장모 입장에서는 기가 막혔을 것이라고, 당시를 회고
했다. 그들은 결혼과 함께 합천에서 신접살림을 차린다. 그동안
크게 누리지는 못했지만 편하게 살았는데, 생판 낯선 곳에 아무
것도 없이 들어왔다.

류 씨가 직장 생활을 하면서 모은 돈 2000만 원이 전 재산. 그

중 500만 원으로 빈집을 구했다. 작고 볼품없는 집이었다. 부엌도 허술하고 화장실은 밖에 있었다. 생활은 불편했지만 충분히 감내하면서 살 수 있었다. 어쩌면 이 시절이 정 씨 부부에게는 다가올 농업 현실에 얽매이지 않고 지냈던 가장 자유로운 시절이 아니었을까.

그들은 결혼해 농촌에서 새 삶을 시작하면서 몇 가지 원칙을 정했다. 땅에서 농사짓고 살아가는 삶이 제대로 사는 삶이란 대원칙 아래, 쌀을 비롯한 가족의 먹거리는 자급자족한다는 것이었다.

농촌살이가 본격적으로 시작되면서 정신적 충만감과 반비례해 일상의 삶은 고달팠다. 첫아이가 태어나고 삶의 무게가 더해갔다. 첫아이가 아토피에 시달리면서 결혼 초기의 생활이 더욱 힘들어졌다. 류 씨는 그때를 생각하면 지금도 마음이 짠하다.

"큰애가 아토피가 심했어요. 진물이 흐를 정도였지요. 저는 애 키우는 데 온 신경을 쏟았고, 애 아빠는 자식까지 딸린 가장으로서 어깨가 무거웠죠. 농사를 지어 어떻게든 가족을 부양해야겠다고 발버둥을 쳤지요."

'이상적 삶'에서 '현실의 삶'으로

결혼해서 5년 동안은 수입이 거의 없었다. 집을 구하고 남은 돈으로 겨우 먹고살았다. 당시 그들은 남의 땅을 빌려서 농사지었는데 도지 주고 나면 남는 게 없어 쌀을 사 먹어야 하는 처지였다.

"남의 문중 땅을 빌려 논을 부쳤습니다. 남의 산소 풀 내리고 남의 제사도 많이 지냈죠. 그러면서 마을 사람들과 서서히 동화돼갔습니다. 아이가 생기자 동네 어른들이 마치 자신의 손주 돌보듯 돌봐 주시고, 그렇게 마을 주민이 됐습니다."

경제적 여건이 안 되니 아이 생기고 생활이 더 힘들어졌다. 어디에 가서 하소연할 것도 아니었다. 일 년에 두 차례 있는 명절, 설과 추석에 부모님 집을 가거나 처가를 갈 때에도 빈손으로 갔다. 돌아올 땐 싸주는 밑반찬을 한가득 얻어 왔다. 그들의 '이상적 삶'은 궁벽한 현실에서 '현실의 삶'으로 서서히 바뀌고 있었다. 그런 판에도 정 씨는 사회적 일에 관심을 쏟고 있었다. 열심히 산다고 했지만 생활은 갈수록 어려워졌다. 현실은 그렇게 만만하지 않았다.

적게 벌어 적게 쓰겠다고 마음먹었지만 가정을 꾸려나가려니 그게 말처럼 쉽지 않았다. 설상가상 그의 부친이 교통사고가 나서 병원에 입원했다. 큰아들인 그가 그냥 있을 수 없는데 형편은 뻔했다. 아무리 지고지선한 삶의 원칙이라도 절박한 현실 앞에서는 지켜내기 무척이나 어려웠다. 먹고살 궁리를 하지 않을 수 없었다.

그러던 차에 둘째를 낳았다. 어떻게 생활을 꾸려나가나 하고 고민하는 가운데 부산한살림을 만나게 됐다. 당시 부산한살림에서는 기존에 채소를 공급하던 생산자가 그만두어 새로운 생산자를 구하던 참이었다. 이곳저곳에서 생산자를 물색하던 중 '꿈꾸

는 달걀' 박명길 생산자의 소개로 정 씨 부부를 만나게 된다. 그
들은 한살림 생산자가 되면서 그나마 많든 적든 간에 다달이 수
입이 생겼고, 그것을 기반으로 생활도 약간씩 나아졌다.

정 씨 부부는 합천으로 귀농한 뒤 몇 곳을 옮겨 다녔다. 자신
들의 땅이 없고 집이 없으니 안정적인 삶을 꾸려나가기가 벅찼
다. 농사짓기를 그렇게 갈망했지만 현실의 농사는 고달프고 힘
겨웠다. 마늘 농사를 짓던 어느 해는 그가 집 짓는 현장에 날일
을 나갔다가 큰 나무둥치가 발등에 떨어져 다쳤다. 마늘 심기는
때를 놓치면 안 되는 일이다. 그는 깁스를 하고 절뚝거리며 마늘
을 지고 밭으로 나가고 부인은 갓난애를 둘러업고 뒤따랐다. 또
큰애가 네 살 때 일인데, 부부가 밭에 일하러 나갔다 돌아와 보
니 아이가 집 앞 감나무 아래서 아랫도리를 벗고 울고 있었다.
혼자서 똥을 눴는데 스스로 닦을 수 없어서 바지를 벗은 채 울고
있었던 것이다.

이렇게 살아야 하나 하는 생각이 가끔 들었어도 그들은 스스
로 선택한 '삶의 가치'를 되새기면서 버텼다. 따뜻한 이웃들의 도
움도 큰 힘이 됐다. 가회에 살 땐데 농민회 회원 한 분이 그들이
열심히 사는 모습을 보고 돕겠다며 송아지 한 마리를 주었다. 이
걸 밑천 삼아 잘살아보라는 격려와 함께.

당시 그들 집 뒤편에 예전에 남이 쓰던 허물어져가는 축사가
있었는데 거기에 송아지를 매놓고 소 키울 궁리, 다 크면 살림밑
천 보탤 꿈에 젖었다. 그런데 다음 날 아침 일찍 소죽을 준다고

나가 보니 송아지가 죽어 있더란다. 소가 낯선 곳에서 몸부림치다가 목줄이 조여서 숨이 막혀 죽은 것이다. 가슴이 너무 아팠다. 그는 죽은 송아지를 경운기에 싣고 산에 가서 묻어주고 소주 한 잔을 따라줬다. 지난 이야기를 들려주는 정 씨 부부의 눈에 물기가 언뜻 서렸다.

나이 50에 내 땅과 내 집을 마련하다

2014년 그들은 귀농 15년을 앞두고 가야면 구미리에 자신들의 땅을 마련했다. 반듯한 집도 지었다. 그가 입버릇처럼 말해오던 나이 50에는 내 집을 가지겠다는 꿈이 실현된 것이다. 물론 그들이 집터와 집을 지을 만큼 여력이 있었던 것은 아니다. 세 명이나 되는 아이들은 커가는데 불편하고 불안정한 남의 집 생활을 언제까지 계속할 수는 없었다.

이곳 구미리 마을 윗자락에 괜찮은 땅이 260평 나온 걸 알고 놓치기 아까웠다. 경제 형편으로는 엄두가 나지 않았지만 지인에게 돈을 빌려 구입했다. 땅을 사니 집 지을 욕심도 슬며시 일어났다. 때마침 면에서 농가주택 신축지원자금 한 건이 남았다고 권유해왔다. 정 씨 부부는 나머지 돈을 서둘러 구해서 24평짜리 새 보금자리를 지었다.

정 씨는 "집은 내 명의로 돼 있으나 농협 집이다"면서도 "유목민 생활을 접고 세 아이와 아내에게 안정적 주거를 제공했다는 게 너무 뿌듯하고 기뻤다"고 말했다. 물론 처음 농촌생활 시작할

때는 집은 스스로 짓겠다는 생각을 하지 않았던 것은 아니었지만, 여러 여건상 전문가에 맡겼다. 귀농할 당시에는 이렇게 집을 지으리라고는 상상도 안 했다. 시골집 구해서 고쳐 살아야 한다는 생각이었다.

그렇게 집을 지어 입주를 하니 참 좋았다. 어지럽던 세간도 말끔하게 정리가 되고, 무엇보다 수세식 화장실에 아이들이 환호했다. 지금까지 살면서 재래식 화장실에 가는 게 어린 아이들에게 여간 힘든 일이 아니었다. 밖에 일하러 아이들만 두고 나갈 때도 걱정이 되곤 했다. 실내 화장실에 샤워기까지 있으니 적이 안심이 된다.

"그런데 큰놈은 이사 와서 새 집이 좋기는 한데 빗소리를 못 듣는 게 아쉽다고 했어요. 지난번 집은 양철 지붕이어서 빗소리가 시끄러울 정도였어요. 지금은 이중창으로 방음이 잘돼 빗소리가 안 들리죠. 아이가 옛날 집은 빗소리가 참 좋았는데, 하더라고요."

정 씨는 부산한살림에 채소류를 납품한다. 집 근처 비닐하우스 두 동에서 깻잎, 풋고추 등을 키운다. 얼마 전부터는 대양면에 있는 합천로컬푸드 직영 농장에도 나간다. 몇몇 사람이 직영 농장을 준비했는데, 그중 한 사람인 부산한살림 생산자 김종일 씨가 갑자기 심장마비로 죽었다. 직영 농장에 일손이 부족하자 그가 일을 도와주게 된 것이다. 직영 농장은 하우스 다섯 동과 노지에 각종 작물을 재배해 합천 읍내 직판장과 가공공장, 직영 식당에 낸다.

요즘 그는 매일 오전 직영 농장에서 일하고 오후에는 집 앞 비닐하우스에서 부산한살림에 납품하는 농사를 짓는다. 그의 아내 류 씨 역시 몇 해 전부터 친환경쌀 작목반에 나가 일하고 있다. 자급자족도 어렵고 자발적 가난은 현실적으로 지켜내기 힘들다. 아이들 커가고 자신들은 나이가 들고 미래에 대한 대비도 걱정이 된다. 땅 사고 집 짓느라 빚을 냈던 목돈도 갚아야 한다.

시골살이라도 다섯 식구에 크는 아이들 있으니 생활비가 적잖이 든다. 어쩔 수 없이 농사 외의 일도 하게 됐다. 고정 수입이 생기면서 보험부터 들었다. 돈이 없으니 다치는 데 대비해야 하고 커가는 아이들 교육비도 준비해야 한다. 정 씨와 아이들 보험료만 한 달에 30만 원 이상 들어가, 생활비 중 비중이 크다. 차도 두 대를 움직여야 하니 차 밑에 들어가는 비용도 만만찮다. 빌린 돈도 조금씩 갚아 나가려니 한 달에 200만 원 정도는 들어간다.

농사의 기본인 벼농사를 계속 지어오다 지금은 일손이 달려 하지 않는다. 지난해까지만 해도 생태유아공동체와의 체험행사를 위해 논을 부쳤다. 멀쩡한 논을 풀밭으로 만든다는 동네 어르신들의 지청구까지 들어가면서.

아이들 교육 환경은 농촌이라서 여러 가지 부족한 점도 있지만 괜찮은 편이라고 한다.

"솔직히 교육문제는 별로 신경 안 써요. 물론 저희 부부 둘 다 일해야 하니 아이들을 충분히 돌볼 수도 없어요. 어떤 점에서 시골이 교육하기에 좋은 점도 있어요. 비록 아이들 보낼 학원이 주변엔 없지만 방과후학교 프로그램이 잘돼 있습니다. 오후 5시까지 학교에서 피아노도 가르쳐주고 돌봄교실도 해줘요. 도시로 나가긴 하지만 현장체험 학습도 자주 가요. 또 마을에 있는 교회에서도 아이들을 위한 다양한 프로그램을 합니다. 첫째는 기타도 배우면서 일요일에는 교회에서 살다시피 해요."

귀농하려는 이들 위한
조직적 지원 필요

그는 자신의 귀농 경험을 돌이켜볼 때 귀농자들이 안착할 수 있게 민간 차원에서 도움을 줄 수 있는 시스템이 필요하다는 생각을 한다.

"귀농자들이 운영하는 공동 농장이나, 개인 농장이라도 여력이 있으면 귀농할 사람들을 받아서 적응을 하는 기회를 줄 수 있어야 합니다. 거처할 곳을 마련해주고 일도 함께하면서 배울 수 있게 해줄 때 귀농 희망자들이 시행착오를 줄이고 안착할 수 있을 겁니다. 지자체에서 하는 프로그램은 형식적이고 현실적이지 못한 경우가 많아요. 귀농하려는 이들에게 플랫폼 역할을 하는 그런 시스템이 필요합니다."

그는 비닐하우스 큰 것 두 동, 작은 것 한 동에서 채소 농사를 짓는다. 누구든지 귀농하려 한다면 같이 나눠 쓰고 도움을 줄 수 있을 것 같다고 한다. 특히 가야 지역에서는 사과 같은 과수 농사도 배울 수 있고 충분히 실습할 공간이 많다는 것이다. 어쨌든 그는 합천 지역에 먼저 귀농한 사람들이 새롭게 들어올 사람들을 위해 실질적 도움을 주는 지원체계를 조직적으로 마련해야 할 것이라고 목소리를 높인다.

"민간 차원에서 귀농하려는 사람들을 도와줄 수 있는 판을 열어야 합니다. 새로 들어오는 이들에게 직접적 도움이 될 수 있는 프로그램이나 제도를 만들어야죠. 먼저 들어온 이들이 징검다리 역할을 해야 합니다. 귀농 희망자들이 땅만 보고 결정해서 들어오는 게 아니라, 사전 준비 과정을 거치면서 찬찬히 생각해볼 수 있게 도와야죠. 실습을 하면서 자신에게 채소가 맞는지 과수가 맞는지 확인해보는 것도 좋잖아요. 이런 과정이 안착하는 데 큰 도움이 될 겁니다. 귀농 선배들이 그런 역할을 하자는 이야깁니다. 부산귀농학교 같은 곳과 결연해서 시행한다면 시너지효과가 클 것 같습니다."

요즘 그의 마음은 온통 귀농하려는 이들을 어떻게 조직적으로 도울 수 있는가 하는 데 쏠려 있다. 자신이 어떤 역할을 할 수 있는지에 대해 생각해보고, 그것이 성사될 수 있도록 애쓴다고 한다.

그는 지금 우리 사회에 일어나는 귀농 러시에 대해 긍정적으로 생각하고 있다. 물론 무작정 귀농이나 도시 소비생활의 이전이 되기 십상이라는 우려도 적지 않다. 하지만 커다란 귀농 행렬이 우리 농촌이나 사회가 안고 있는 문제를 해소하는 가능성이 될 것이라 믿는다. 정체되고 고립된 농촌, 정부의 시스템에 길들여져 있는 농민의 삶을 깨부수기 위해 새로운 기운의 도래가 필요하다. 농촌에 귀농자들이 들어와서 원주민들과 생각이 부딪치고, 그런 과정에서 새롭고 건강한 질서가 만들어질 것이다.

생산가능 인구가 갑자기 줄어들면서 농촌의 공동화는 급속하게 진행될 수밖에 없다. 그렇다고 빈 부분을 외국인 노동자로 대체할 수는 없다. 귀농자들이 소멸해가는 농촌 공동체의 일부라도 대체해야 한다. 생태적 삶이란 자연의 순환뿐 아니라 사람의 순환도 해당하는 것이다. 귀농해서 혼자서 사는 건 아무리 자연적 삶, 생태적 삶을 살더라도 온전한 삶이 아니다. 마을에서 원주민들과 더불어 사는 게 중요하다.

귀농은 자본의 논리, 그 틀에 예속된 삶의 고리를 끊는 일이자 동시에 도농 간에 새로운 고리를 연결하는 일이기도 하다. 먼저 들어온 사람들이 어떤 역할을 해야 할 것인지, 새롭게 들어가려는 이들은 또 어떤 역할을 할 것인가에 대한 진지한 고민이 있어야 한다. 이를 사회적으로 공론화시킬 필요가 있다.

더불어 사는 농촌
꿈꾸는 '젊은 피'

합천 대양 강성진

추석을 엿새 앞두고 합천 대양으로 귀농한 강성진 씨를 찾았
다. 달리는 차창으로 다가오는 결실의 가을 들판이 한결 풍요롭
게 보였다. 마지막 한 알의 알곡까지 여물게 하려는 듯 따가운 햇
볕이 들판으로 쏟아지고 있었다. 날씨가 한여름을 방불했다. 그
가 사는 대목마을에 들어서자 아름드리 정자나무 아래선 어르신
들이 연신 부채질을 하면서 때 아닌 더위와 씨름을 하고 있었다.
　　잠시 기다리자 그가 달려 나왔다. 활짝 웃으며 인사를 건네는
그는 키가 훌쩍 컸다. 그의 집으로 향했다. 집에는 동갑내기 부인
이미란 씨가 간단한 찻상을 봐놓고 기다리고 있었다. 커피를 마
시면서 잘 여문 포도 알을 따 먹었다. 손가락 사이로 단맛의 결정
이 끈적거리는 것을 느끼면서 젊은 귀농자의 이야기를 들었다.

대학 선배의 권유로
귀농의 길 들어서

　　　　　　　　　　　　강 씨에게 농촌으로 들어온 계기를 물
었다. 그는 당시를 회상하듯 잠시 숨을 골랐다. 직장을 옮기듯
들어왔단다. 이곳으로 들어오기 전에는 대학 선배가 운영하던
화장품 회사에서 일했다. 회사 경영 상황이 어려워지자 사업을

축소해야 했고, 그가 빠지는 걸로 결론이 났다. 다시 직장을 구해야 했다. 대학을 졸업한 뒤 10년째 직장생활을 하면서 세 번 이직을 했다. 일자리를 찾아나서는 길, 아득했던 구직 경험들이 악몽처럼 되살아났다.

어린애 둘이 달린 실직 가장이 소비 없이 단 하루도 연명하기 힘든 도시에서 살아간다는 것은 힘겹고 고통스러운 일이었다. 일자리를 구하는 게 호락호락하지 않았다. 낮에는 구직활동을 하고 밤에는 쌀값이라도 벌 요량으로 대리운전을 했다. 과연 이 소모적인 도시에서 계속 살아야 하나, 순간순간 회의가 들었다. 그는 현실생활에 대한 일차적인 고민을 해결하기 위해 구직을 하면서도 그동안 막연하게 꾸었던 귀농에 대한 고민을 하게 된다. 부산귀농학교의 문을 두드리고 일주일에 두 번, 약 3개월간의 생태귀농 과정 29기를 수료했다.

그렇게 구직과 귀농의 갈림길에서 고민하던 차에 이곳 대목마을에 일찌감치 귀향해 농사를 짓고 있는 대학 선배 강재성 씨로부터 친환경급식센터에 마침 일자리가 비었는데 귀농 전에 마을 분위기도 살필 겸 와서 일해 보지 않겠냐는 제의가 들어왔다. 급식센터는 안전한학교급식을위한 합천친환경생산자영농조합법인에서 운영하는 사업장이다. 합천군과 울산, 대구, 사천 등에 학교급식 재료를 공급한다. 합천 관내 학교들의 식자재 배송을 담당하던 이가 갑자기 그만둬 자리가 빈 것이다.

2009년 11월 그는 급식센터에서 일하기 위해 가족들은 부산에 남겨두고 혼자 이곳으로 들어왔다. 지금 생각해도 타이밍이 절묘했다고 생각한다. 사실 그해 여름 그는 이곳으로 대학 동문들과 가족 농활을 왔었다. 대학 민주동문회 선배인 재성 씨는 그에게 혹시 귀농할 생각이 있느냐고 물었고, 이곳으로 들어온다면 도와줄 수 있다고 했다.

그 뒤 그는 일자리를 잃었고, 각박한 도시살이를 하니 귀농하는 것도 괜찮다는 생각을 했다. 아내에게 귀농하는 게 어떨까 하고 운을 뗐다. 매사에 화통한 성격인 그의 부인은 망설임 없이 찬성을 했다. 그녀는 경남 고성 출신으로, 초등학교 4학년 때까지 농촌 생활을 했다. 평생 농사꾼이었던 그녀의 아버지가 농약 중독으로 쓰러졌고, 가족들은 농사를 접고 부산으로 나왔다.

부인의 적극적 동조에 힘을 얻은 그는 인생의 행로를 바꾸기로 마음먹었다. 그러던 차에 앞서 이야기한 것처럼 선배로부터 연락이 온 것이다. 급식센터에서 일하기로 한 그는 혼자 대목마을로 들어왔다. 거처할 곳을 구해야 했다. 마침 마을 뒤편 산자락 아래 빈집 한 채가 있었다. 다 쓰러져가는 빈집을 대충 치우고 들어갔다. 그 뒤 귀농자에게 주는 지자체의 지원금을 받아 집을 수리했다. 그는 이곳에 정착한 지 석 달 뒤인 이듬해 2월 부산에 있는 식구들을 불러들였다. 그때 큰 아이가 네 살이었고 둘째가 막 돌을 지났다. 부산에 홀로 사시던 어머니도 모시고 들어왔다.

차에서 내린 이삿짐을 집 안으로 옮겨 정리하는데, 첫째가 "더러워" 하면서 들어올 생각을 하지 않았다. 지금도 그의 어머니는

당시를 회상하면 억장이 무너진다고 한다. 외진 데다가 집 주변이 온통 산이었다. 집 뒤에는 허물어진 폐가가 방치돼 있었는데 을씨년스러웠다. 번듯한 대학까지 나온 아들과 며느리가 어린 자식들을 달고 이런 궁벽한 곳으로 들어와 농사를 지을 거라 하니 마음이 좀 아팠겠는가.

"저희가 자리를 잡는 데 어머니가 큰 힘이 됐죠. 이사 올 당시 어머니는 부산에 따로 사셨는데 저희가 이사 오면서 모시고 왔죠. 그런데 저나 집사람이 일로 바빠 아이들을 키우는 일이나 집안일은 모두 어머니 몫이 됐어요. 올해 고희를 맞이하셨는데 저희 부부가 잘 모셔야지요."

강 씨 일가는 일 년여를 그곳에 살다가 2011년 봄에 마을 안으로 내려왔다. 동네 형님 한 사람이 마을 한복판의 집을 임대해 준 것이다. 원래 그가 귀농할 당시에 그 집에 바로 들어갈 수도 있었다고 한다. 그러나 이전에도 귀농한다고 들어왔다가 얼마 견디지 못하고 되돌아간 사람들에 대한 좋지 않은 경험 때문에 쉬 마음을 열지 못하는 동네 분위기가 시간을 기다리게 했던 것 같다고 한다.

동네 형님들이 땅 구해주고
하우스 지어줘

외딴 곳에서 마을 가운데로 집을 옮기고부터 그는 농사일에 본격적으로 뛰어들었다. 이번에도 재성 씨를 비롯한 동네 형님들의 도움이 컸다. 그들의 소개로 마을 앞 땅 400평을 구했다. 거창으로 옮겨간 서석태 전 귀농운동본부 대표가 농사를 짓던 땅이다. 선배들은 그에게 이곳에 비닐하우스를 세우고 채소농사를 지어 납품해보는 게 어떻겠냐고 권유했다.

새해 들어서자마자 200평 규모의 하우스를 짓기 시작했다. 좋은 일에는 마가 낀다고 그는 하우스를 짓기 전날 파이프를 옮기다가 허리를 다쳤다. 꼼짝하지 못하고 드러누웠다. 결국 하우스는 동네 형님들이 지었다. 일손을 보태 뼈대를 세우고 비닐을 씌우는 일까지 다해줬다.

대목마을에는 그가 들어오기 전에 귀농한 이들이 몇 명 있었다. 이른바 대목의 '젊은 피'들로 침체된 마을을 변화시키는 동력이 됐다. 특히 이 마을 출신인 재성 씨는 20년 전 귀향해서 마을의 변화를 주도했다. 그 뒤 지난해 작고한 서석태 씨 등이 들어오면서 마을은 날이 다르게 달라졌다. 그들이 중심이 돼 합천군 급식센터도 만들었고, 로컬푸드 운동도 주도해나갔다. 대목마을이 합천지역 귀농운동의 메카라고 불리는 이유다.

어쨌든 동네 형님들의 도움으로 그는 처음으로 농사일에 나섰다. 400평 중 200평은 하우스로, 200평은 노지 재배로 상추 등 모듬채소 아홉 가지를 길러 생협에 납품했다. 일주일에 두 번 출하했다. 하우스 재배는 한겨울을 빼고는 일 년 내내 일해야 한다. 처음 짓는 농사가 서툴렀지만 강 씨 부부는 온 정성을 다해 일했다.

"한 번은 열무 20단을 주문받았습니다. 그런데 열무가 벌레 먹어 성한 것이 드물었어요. 오후 내내 수확해 그날 저녁부터 선별하고 포장을 마치고 나니 동이 트고 있었습니다. 당시 열무 스무 단, 돈으로 환산하면 3만 원 조금 넘는 것이었지만 생협 소비자와의 약속을 지키기 위해 한 단이라도 더 맞춰 보내려고 애썼지요. 아마 그날 새벽에 물건을 보내고 집사람하고 같이 울었던 것 같습니다."

일이 힘들긴 했지만 생협을 통한 안정적 주문은 생활에 큰 도움이 됐다. 소비자들이 작물들의 모양이 좀 못나도 이해해주고 소비해줘서 참 고마웠다. 일 년 농사를 결산해보니 500만 원 정도 수익이 생겼다. 그의 부인은 급식센터 회계 일을 보면서 생활비를 조달했다.

"도시보다 생활비가 줄어들긴 했지만 아이들도 둘이나 되고 차도 쓰니 만만치 않았어요. 제일 많이 드는 게 기름 값입니다. 승용차와 트럭에 들어가는 기름 값이 한 달에 40만 원이나 됩니다. 애들 데리고 읍에라도 한 번 나가면 돈이 많이 듭니다. 도시생활과 별 다를 바 없어요. 귀농하려면 3년 정도 먹고살 만한 돈을 가지고 들어와야 한다는 말이 그래서 나온 것 같아요. 저희는 아주 적은 돈을 갖고 들어와서 고생을 많이 했지요. 아직도 자립이 되지 않습니다."

귀농 2년째 봄부터 농사 규모를 늘렸다. 400평 정도의 농사로는 살아가기 힘들다는 결론을 낸 뒤였다. 게다가 그의 부인도 급식센터 일을 전해 연말에 그만뒀다. 농사를 늘리지 않을 수 없었다. 이번에도 동네 형님들이 도와줬다. 재성 씨의 고향 친구인 정규연 씨가 팔을 걷어붙이고 그에게 땅을 구해주고 농사를 가르쳐줬다.

"규연 형님의 알선으로 1500평을 빌렸지요. 그 땅에 낡은 하우스 두 동이 있었는데 파이프 값만 주고 인수했어요. 규연 형님은 땅을 구해줬을 뿐 아니라 토마토 농사도 직접 가르쳐주었습니다. 형님은 한 번도 고향을 뜬 적이 없는 토박이로 농사에 전념했는데, 합천 바닥에선 토마토 농사꾼으로 꽤나 이름나 있었어요."

그는 그해 토마토와 고추 등 2000평의 농사를 지었다. 특히 토마토 농사가 잘돼 돈을 좀 만졌다. 첫 농사는 하늘이 도와준다더니 그 말이 맞았다고 했다. 아마 전문가가 시키는 대로 다하니 시행착오가 적었던 것 같았다. 토마토 6톤을 수확해 1200만 원 정도의 매출을 올렸다. 농작물을 팔아서 이렇게 큰돈을 만져본 건 처음이었다. 기쁘고 놀라웠다.

토마토 농사를 지어놓긴 했는데 판로가 문제였다. 토마토는 생물로 제때 출하하지 못하고 하루이틀 지나면 빨갛게 익어버린다. 부산에 사는 누이들의 힘을 빌렸다. 그의 누이들은 자신들이 아는 이들에게 전화를 돌려 주문을 받아줬다. 그의 어머니를 비롯한 세 식구는 작업장도 없이 마당에 그늘막을 치고 선별작업과 포장작업을 했다.

하우스에서 수확한 토마토를 마당으로 옮겨서 포장작업을 했다. 한 차례 따고 돌아서면 어느새 또 따야 할 게 나왔다. 따 온 토마토를 마당에 쏟아놓고 하나하나 윤기가 나도록 정성껏 닦았다. 밤샘 작업을 한 뒤 새벽같이 택배에 갖다 주곤 했다. 보름 동안 눈코 뜰 새도 없이 수확하고 배송작업을 했다. 팔지 못한 것은 그때그때 마을회관과 이웃들에게 선심을 썼다.

"힘은 들어도 신이 났어요. 제 손으로 직접 기른 토마토가 알차게 열매를 맺어 살림 밑천이 됐잖습니까. 처음 시작한 농사로 돈까지 생기니 신기하기까지 했어요. 정말 제가 농사를 지었나 싶기도 하고요."

3000평 시설재배로 한 해 5000만 원 매출

강 씨는 지금 3000평 정도의 농사를 짓는다. 90미터짜리 하우스 여섯 동을 한다. 하우스는 이중이고 시설비는 한 동에 1500만 원이 든다. 시설비 일부는 정부 보조를 받고 나머지는 자기부담금과 농협융자를 빌려 지었다. 그의 하우스 바로 옆에는 부산귀농학교 동기인 김봉석 씨가 귀농해 역시 시설재배를 하고 있다.

그의 하우스에선 주로 고추와 토마토를 기른다. 토마토는 5월부터 11월 말까지 생산한다. 지금 자라고 있는 토마토는 8월에 심은 것으로 11월에 출하된다. 일부 하우스는 토마토를 수확하고 난 자리에 브로콜리와 양배추를 심어서 한꺼번에 계약 출하한다. 토마토와 고추는 환금성이 좋다. 소득도 대부분 이들 작물에서 나온다.

지난 한 해 매출이 5000만 원이었다. 농사비용 등 이래저래 빼고 나면 3500만 원 정도가 남는다. 부부의 연봉인 셈이다. 다섯 식구 생활하기에 넉넉지는 않다. 생활비 쓰고 아이들 교육비 저축하고 보험도 들어간다. 금융비용도 만만찮다. 하우스 지으면서 빌린 융자도 갚아나가야 한다.

"추석과 설은 겁이 나요. 제가 짓는 농사는 주로 6, 7월이 수확기이고 그때 돈이 됩니다. 하우스 하는 사람들은 작물이 나오지 않으면 통장 잔고가 떨어진다고들 합니다. 초기에 이것저것 빌린 돈 갚고, 자재 외상값 주고 나면 생활하기에 빠듯해요. 그래서 수확이 없는 명절에는 걱정이 앞서요."

지난해에는 하우스 인근에 400평짜리 논을 샀다. 후계영농인 자금으로 장기저리 융자를 받았다. 한 평에 8만 원씩 주고 샀다. 그가 산 땅은 대양면에서 가장 농사짓기 좋은 곳에 위치하고 있다. 지금까지 물난리 한 번 난 적이 없고 별도 온종일 잘 든다. 무

엇보다 그의 이름으로 된 첫 땅인 만큼 각별하다. 아침저녁 하우
스로 출퇴근하면서 그 논을 둘러보는 것만으로도 마음이 푸근해
진다. 논을 구경시키는 그에게 뿌듯한 자부심이 묻어났다.

"무엇보다 벼농사를 지으니 진짜 농사꾼이 된 것 같아요. 농사
지으면서도 벼농사를 안 하니 허전했어요. 어머니도 벼를 수확
하면 누이들에게도 한 말씩 돌리자면서 좋아하십니다. 얼마 뒤면
수확할 텐데 벌써부터 설렙니다. 그리고 쌀농사가 무너지면 모든
농사가 연쇄적으로 무너진다는 점에서 상징성이 큽니다."

논을 한 바퀴 둘러보고 그가 참여한 한별친환경농업법인에서
운영하는 깐마늘 공장으로 향했다. 들판 한쪽에 자리 잡은 공장
은 지난해 농식품부 공모사업에서 선정돼 정부보조와 조합원 출
자를 통해 설립했다. 이곳에선 친환경 마늘만 전문적으로 깐다.
아이쿱생협과 계약해서 한해 300톤 정도를 위탁받아 작업한다.
자체 물량도 10톤쯤 된다. 아직은 정착 단계로 큰 수익은 내지 못
하고 있다. 하지만 마을에 일자리를 창출한다는 점에서 의미가
크다. 고정적으로 여섯 명이 일하고 물량이 많을 땐 여덟 명까지
마을 주민들이 일한다.

원래 조합은 친환경고추 작목반에서 출발했다. 3년 전 여섯 가
구가 시작했는데 인근에 있는 거창 금원산마을에서 만드는 고추
부각 원재료를 납품하기 위해 친환경고추를 생산했다. 조합의 인
적 구성이 절묘하다. 정규연 씨 등 원주민 두 가구, 20년 전 이곳
으로 귀농해 영농법인 운영 경험이 있는 두 가구(이 중 한 명은 재작

년 작고했다), 그리고 그와 김봉석 씨 등으로 이뤄졌다. 신참 귀농
자와 원주민, 그리고 그 사이를 이어줄 수 있는 중간단계까지 구
성원들이 잘 짜여졌다.

　그의 자녀는 두 명인데 아들이 초등학교 3학년, 딸이 1학년이
다. 인근 대양면 소재지에 있는 대양초등학교에 다닌다. 전교생
이 열두 명이다. 다행스럽게도 경남도 교육감이 학부모가 원하지
않는 이상은 '1개면 1개교' 원칙을 고수한단다. 그전 교육감은 작
은 학교 통폐합을 자주 들먹였다고 한다. 마을 36가구 중에는 강
씨 외에도 40대 젊은 귀농자가 몇 된다. 그들의　아이들이 마을
곳곳을 뛰어다니는 모습을 보고 어르신들은 이제 사람 사는 곳
같다고 좋아하신다.

문화생활에 대한 욕구는 있지만 읍내로 나가 즐길 형편은 못 된다. 마을에는 일을 마친 젊은 귀농인들이 모여 여가를 보낼 공간이 마련돼 있다. 주로 모여서 농사 이야기, 아이들 교육 이야기, 세상 돌아가는 이야기를 하면서 한잔하는 게 다지만 그런대로 괜찮다는 생각이 든다. 요즘 가장 큰 화젯거리는 급식 문제다.

그는 얼마 전까지 합천 무상급식 재개 학부모 모임에도 참여했는데, 젊은 학부모들이 모여 네이버 커뮤니티 밴드를 만들었다. 회원이 500명이나 된다. 무상급식 문제가 농촌에서 얼마나 절박한 주제인지 잘 보여주는 대목이다. 무상급식의 폐지는 역설적으로 주민자치의 기회를 제공한 계기이기도 하다. 그는 이런 과정들을 통해 주민들의 자치역량이 커나갈 것이라고 믿는다.

세월호사건 이후 합천에서도 농민회 회원들이 중심이 되어 대책위를 조직하고, 1주년 때는 군민행진도 하고 촛불집회도 했다. 그런 경험들이 학교급식 문제가 촉발되면서 다시 한 번 자치역량으로 결집되고 있는 것이다.

"농민회 회원들이 중심이 되어 '더불어 합천'이라는 모임을 추진하고 있습니다. 합천지역 내의 개별적 활동단체나 개인들의 소통공간을 만들어보자는 것이지요. 현재는 지역에 대해 고민을 하는 이들을 파악하고 참여를 유도하는 단계입니다. 더불어 합천을 통해 지역주민의 자치역량이 결집됐으면 좋겠습니다. 주제는 '자치와 견제'로 풀뿌리자치의 활성화와 지역권력에 대한 견제입니다."

　그는 지난해 합천군 농민회 사무국장 일을 맡았다. 농사일을 이유로 몇 차례 고사했지만 마땅히 맡을 사람이 없다는 말에 고민 끝에 내린 결정이었다. 물론 농민회 일을 하다 보니 자기 농사에 소홀해지기도 한다. 부인에게 농사일의 하중이 많이 가서 미안하기도 하다. 하지만 그는 젊은 귀농인으로 지역사회에 역할을 하는 게 마땅하다고 생각한다.

　"어느 순간 내가 사는 게, 내가 사는 곳이 이렇게 돼서는 안 된다는 생각이 들었지요. 몸이 힘들더라도 할 일이 있다면 해야 되지 않나 싶어요. 무상급식 재개 싸움도 진행해왔지만 한계를 지닐 수밖에 없겠더라고요. 합천이 워낙 보수적인 지역이다 보니 보편적이고 상식적인 일도 밖으로 이야기하는 걸 조심스러워하는 분위기입니다. 더불어 합천이 지역의 고민들을 함께 나누고 바꿔나가는 방법을 만들어내는 공간이 됐으면 하는 바람입니다."

소비자와의 작은 신뢰,
도농상생 이어지길

귀농 6년차인 그에게 30대 후반의 결정에 대해 정리해보라고 하자, 아직도 '진행형'이라고 답한다. 경제적으로 자립하지 못하고, 그렇다고 생활에 있어서도 마을과 동화했다고 자신 있게 답할 수 없다고 한다. 마을 안에 살고 있지만 마을 구성원으로 인식되고 있는지, 관계를 맺고 있는지 고민이란다. 어쩌면 이곳 태생이 아닌 한 숙명적으로 안을 수밖에 없는 것인지도 모를 일이다. 무엇 하나 속 시원히 해결된 게 없는 진행형임에도 불구하고 그는 순간순간 귀농을 한 것은 인생 최고의 선택이라고 말한다. 여전히 꿈을 지니고 살고 있다는 점에서 더욱 그렇다는 생각이란다.

그는 요즘 틈날 때마다 소비자에게 보낸 농산물 택배송장을 정리하고 있다. 컴퓨터에 리스트로 입력하는 작업이다. 송장을 정리해보니 모두 2000명이나 되더란다. 고정적으로 관계를 맺은 이는 300명 안팎이지만, 이 많은 숫자의 사람들과 생명의 먹거리로 관계를 맺고 있다는 사실이 귀농의 결실이 아니겠는가.

"단순히 물건을 파는 개념이 아니라 이를 통해 제 농산물을 받는 이들에게 제 마음이 전해지고, 그를 계기로 농촌 현실을 직시해주었으면 좋겠어요. 이런 관계가 좀 더 발전하면 도농상생이 자연히 이뤄지겠죠."

오늘 황금빛이 출렁이는 들판에서 강 씨 부부는 계절을 만끽한다. 이곳 들판은 봄도 좋지만 가을 풍광이 일품이라고 한다.

따가운 가을볕에 익어가는 벼들을 바라보면 온갖 시름이 잊힌다고 한다. 하늘이 활짝 열린 풍광 속에서 그들의 귀농이 빛을 발한다. 농사짓는 이들만의 특권 '자연과 더불어'. 젊은 부부는 그 특권을 소중하게 누리고 있다고 입을 모은다.

미안하다, 사랑한다 우리 딸!

강성진

사랑하는 우리 짱순이에게.

민재야! 어제는 니가 이 세상에 빛을 본 날이었단다.

일 년에 단 한 번 오롯이 너만을 위한 날을 엄마아빠는 까마득히 잊고 있다가 어제 일을 마치고 해거름이 되어서야 아차 싶었단다. 엄마도 아빠도 요 며칠 이놈의 마늘 심어야 된다는 생각 땜에 사랑하는 우리 딸래미 생일날 미역국 한 그릇 먹이는 것도 잊고 지났구나.

어제 너희 엄마와 니 생일을 떠올리는 순간부터 지금까지 우리 마음은 편치 않구나. 진짜 소중한 것을 잊고 사는 건 아닌지 하고 말이다. 엄마가 뒤늦게 읍에서 사 온 작은 지갑 선물 하나에 이렇게 좋아하는 니 모습 보니 그 맘은 더하구나.

"미처 몰라서 미안해 우리 딸"이란 엄마 말에 "괜찮아요"라고 하는 니 말이 아빠는 기특하기보단 가슴이 무너지는 것 같았다. 이제 겨우 여섯 살. 다른 아가들보다 성장이 늦어 작은 체구를 보면 안쓰럽기만 한 우리 딸이 어리광보단 자기 환경에 순응하는 법을 먼저 배운 게 아닌가 싶어 말이다.

이마만큼은 전도연 부럽지 않은 우리 짱순이 민재야! 엄마아빠가 정말 미안하다. 변명 같지만 어제 엄마아빠는 소중한 니 생일을 바꿔, 이렇게 보이는 넓은 밭에 새 생명을 심었다고 얘기해주고 싶구나.

아직 글도 모르지만 밤이면 엄마아빠에게 재잘거리며 동화를 들려주는 우리 딸 민재야! 언젠가 네가 글을 읽고, 어릴 적 너의 생일이 무심하게 지나친 적이 있었단 걸 알게 되는 시간이 오더라도 너무 서운해하지 않았으면 하는 노파심에 이렇게 남기는구나.

태어나서, 그리고 곁에서 재잘거려줘서 고맙다.

우리 딸 민재야!

사랑해!

- 다음카페 키다리아저씨농장, 2013. 10. 30.

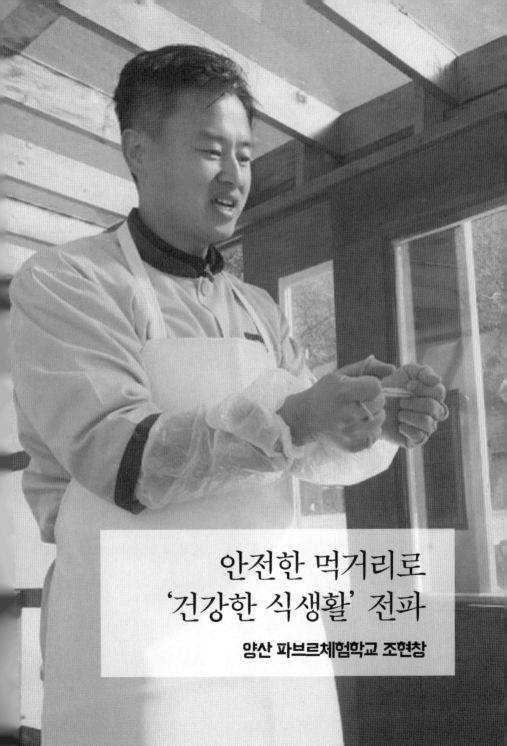

안전한 먹거리로
'건강한 식생활' 전파

양산 파브르체험학교 조현창

양산 시가지에서 동원과학대학을 거쳐 명곡로를 따라 잠시 달리면 약수로 이름난 명곡마을이 나온다. 마을을 지나 북부천을 끼고 계곡으로 들어서면 금세 자연 속이다. 짙푸른 산색은 손이라도 대면 녹색 물을 툭 터뜨릴 것 같다. 초여름의 풀냄새와 싱그러운 바람자락은 도시생활에 지친 몸과 마음을 부드럽게 어루만진다. 인가가 끊어진 계곡 깊숙이 들어서면 길이 끝나는 지점에 파브르체험학교가 자리 잡고 있다.

운동장을 가로질러 경사로를 따라 올라가면 길 왼쪽 각종 체험관이 늘어서 있다. 곤충 체험관, 숲 체험관, 천연염색 체험관, 도자기 체험관, 제빵 체험관, 그리고 수제소시지 체험관이 있다. 수제소시지 체험관 조현창 씨가 오늘의 주인공이다. 그는 정관신도시에서 이곳으로 출퇴근하면서 소시지 체험프로그램을 운영하고 자연축산으로 돼지를 키운다.

체험학교로 들어서는 초입 계곡에 조 씨의 돼지 축사가 있다. 그의 일과는 아침 출근길에 이곳에 들러 돼지 밥 주는 것으로 시작된다. 돼지들은 마치 지난밤 안부를 묻듯이 꿀꿀거리며 주인을 반긴다. 조 씨는 계곡으로 내려가서 물을 몇 동이 길러 물통에 부어주고, 쌀겨를 한 바가지씩 죽통에 쏟아준다. 잠시 그가

보이지 않는가 싶더니 어느새 풀을 한 아름 베어와 축사로 던져 넣는다.

돼지 돌보기를 끝낸 그는 200m 정도 위에 자리 잡고 있는 체험학교로 올라간다. 그리고 체험 공방에서 소시지를 만들거나, 주말에 몰려올 손님들을 맞이할 준비를 한다. 지난 2011년 이곳에 입주한 뒤 어떻게 하면 맛있고 건강한 소시지를 만들 수 있는가에 집중해왔다. 지금 그 열매를 맺어 '조아저씨 수제소시지'로 성가를 높이고 있다.

둘째 딸 아토피가
세상 보는 눈 바꿔

그가 건강한 먹거리에 관심을 쏟은 것은 순전히 딸 때문이었다. 둘째 딸이 두 살 무렵부터 아토피로 고생했다. 예방접종 뒤 아토피가 덧나더니 크게 악화됐다. 당시 다국적 의약품 유통회사에 다니던 조 씨는 아토피에 잘 듣는다는 외제 약을 구해 썼다. 아이에게 바르는 즉시 아토피가 수그러드는데 1, 2주가 지나면 어김없이 재발하곤 했다.

약으로 치료가 어려울 것이란 생각이 들었다. 그래서 좋다는 온천을 찾아가고 각종 민간요법을 동원하고 주거 환경도 바꿔봤다. 온갖 노력을 다했지만 별 차도가 없었다. 조 씨는 암담했던 당시의 기억을 떠올렸다.

"밤마다 가려워 칭얼대는 아이를 보는 것은 부모로서 견디기 힘든 고통이었죠. 어떤 일이 있어도 둘째의 아토피를 고쳐주겠다고 다짐했습니다. 아토피와 관련된 책자를 뒤지고 이런저런 공부 끝에 먹거리 환경을 바꿔야 한다는 것을 깨달았어요."

간혹 외식으로 밖에서 짜장면이나 고기를 먹는 날 밤에 아이의 피부는 뒤집어지다시피 했다. 식당 음식에 들어가는 조미료 등 인공첨가물이 화근일 것이란 생각이 들었다. 친환경 먹거리에 관심을 가질 수밖에 없었다. 화학첨가물이 들어가지 않는 유기 농산물을 구해서 직접 요리를 했다. 차츰 도시 사람의 식생활과 주거환경의 문제점에 눈을 돌리게 됐다.

아이들이 크면서 '생태육아'에 관심을 가졌다. 이런 과정에서 자연스럽게 대안적 삶과 교육, 공동체와 마을 만들기, 지속가능한 삶을 꿈꿨다. 꿈을 이루기 위해 사람을 만났고 함께 공부하고 배웠다. 친환경 먹거리 단체에 가입한 것도 그 무렵이다. 아이들을 생태유아교육 유치원에 보냈고, 그것만으로 성에 차지 않아

직접 대안교육 공간을 여는 데 참여하고 싶었다.

부산대어린이집 학부모들과 공동육아 모임 사람들과 의기투합해 대안학교 만들기에 나섰다. 당시 국내의 대안교육 운동을 이끌던 김희동 선생을 초빙해서 1년 동안 함께 공부하면서 학교의 밑그림을 그렸다. 2007년 학부모들이 십시일반으로 2억5000만 원을 모아 산성마을에 '꽃피는 학교'를 열었다. 조 씨는 4년 동안 대표와 법인이사를 맡으면서 초창기 학교의 기초를 다지고 틀을 잡았다. 직장생활 와중에서도 일주일에 한 차례씩 학부모 회의를 주재했다. 학교운영, 교사월급, 학생모집 등으로 머리를 맞댔고 동분서주했다. 서른세 명의 아이들로 시작한 학교가 이듬해 60여 명으로 늘어났고, 좀 더 넓은 장소를 물색한 결과 지금의 교사가 있는 양산으로 옮겼다.

딸아이의 아토피가 촉발한 먹거리에 대한 관심과 대안교육에의 참여는 조 씨에게 도시의 소모적 생활에 대한 문제의식을 갖게 만들었다. 직장 생활도 10년쯤 하면서 일상이 지루하고 공허해졌다. 부인과 상의하니 이것저것 배울 것을 권했다. 제빵학원과 요리학원도 다녔다. 둘째의 아토피를 계기로 모든 음식을 집에서 직접 만들어 먹었다. 문제는 안전한 식재료를 구하는 일이었다. 생협을 통해서 식품을 공급받았고, 가공식품은 밥상에서 추방했다. 유기농에 관심이 쏠렸고 관련 서적을 구해 읽고 인터넷 공간을 뒤졌다.

우연히 인터넷에서 자연축산으로 기른 돼지에 대한 정보를 얻었다. 둘째가 아토피지만 육식을 좋아해 늘 마음이 쓰이던 차였다. 경기도까지 올라가 우리나라 자연축산의 대부 김정호 씨와 인연을 맺었다. 사료 대신 농사부산물과 풀을 먹여 건강한 고기를 생산해낸다고 했다. 그는 부인과 몇 차례 현장을 살펴보면서 자연축산도 해볼 만한 농사라는 생각이 들었다.

2009년 부산귀농학교와도 인연을 맺었다. 귀농학교 수업 역시 부인의 권유였다. 봄에 도시농부 과정을 마치고 가을에 생태귀농 과정을 수료했다. 귀농학교에서 그는 구체적으로 생태농업에 눈을 뜨게 됐다. 귀농학교 교육은 그를 장래의 농부로 의식화시키는 과정이었다. 더 이상 생각할 게 없었다. 회사를 그만두고 친환경 먹거리와 관련한 일을 시작했다.

직장에 사표를 내겠다는 그의 말을 부인은 농담으로 받아들였다. 어쨌든 그 당시는 그의 직장생활이 한창 무르익을 때였다. 마침 회사에서 물류센터로 인사발령을 내 전근할 상황이 생겼고, 장기적으로 명예퇴직 걱정 없이 정년이 보장되는 자리였다. 하지만 평생 물류센터에 매인다고 생각하니 갑갑해지더란다. 과감히 회사를 그만뒀다. 주위에서는 그를 이해하지 못했다. 그렇게 해서 12년간의 월급쟁이 생활을 청산하고 새로운 길로 들어섰다.

외국계 회사에서
의약품 유통 일

조 씨는 경북 청송에서 태어났다. 어릴 적부터 농가와 농사의 어려움을 눈으로 지켜봤다. 초등학교부터 안동으로 나와 공부를 했고 안동대학 농생물학과를 들어갔다. 졸업 뒤에는 제약회사에 영업사원으로 입사해 두 해를 일했다. 인천에서 근무했는데 영업 실적이 뛰어났다. 그러던 중 1999년 캠퍼스 커플인 부인이 부산으로 전근을 하자 회사에 부탁해 부산으로 내려왔다. 부인은 공무원으로, 농수산물을 검역하는 부서에서 일하고 있었다.

부산에 내려와서 그는 직장을 옮겼다. 다국적 제약사 의약품의 물류와 유통 서비스를 전문적으로 지원해주는 외국계 회사에 들어갔다. 특유의 친화력과 성실함으로 남들보다 높은 실적을 올리고 빠르게 승진했다. 영업지원 부서에서 일했는데 대부분 재택근무를 했다. 4, 5년 차 들어 과장으로 진급해 중간 간부가 됐으나 무의미하게 반복되는 직장생활에 월급만 받고 살기에는 시간이 너무나 아깝다는 생각이 들었다. 또 쉰만 넘겨도 명예퇴직 권유에 시달리는 직장 선배들을 보면 남의 일 같지 않게 안타까웠다. 월급 받는 직장이 아니라 지속가능한 직업에 대해 깊이 고민하기 시작했다.

그는 사표를 낸 뒤 오래전부터 꿈꾸던 자연축산과 소시지 만드는 일을 시작했다. 여러 가지를 고려한 끝에 소비가 창출될 수 있는 대도시 근교를 물색했다. 그 결과 부산울산 권역의 주변부인 양산 명곡동에 있는 파브르체험학교에 입주해서 지금에 이르렀다. 그는 학교체험관에 수제소시지 공방을 열었다. 청소년과 학부모를 대상으로 체험 프로그램을 운영하고 뒤이어 학교 인근

에서 자연축산으로 돼지를 키우기 시작했다.

자연축산과의 인연은 경기도 '이장집' 김정호 씨를 찾았을 때 돼지기름이 굳지 않는 것에 마음이 끌리면서 시작됐다. 한국 사람들이 삼겹살이나 목살 등 돼지고기를 좋아하지만 지방이 많아 먹기를 부담스러워하는 현실에 착안한 것이다. 자연축산 돼지고기는 기름이 상온에서 말갛게 액체 상태를 유지한다. 그 기름은 불포화지방산으로 성분 대부분이 성인병에 효과가 있는 오메가 3를 다량 함유하고 있다.

자연축산은 사료를 전혀 먹이지 않는다. 쌀겨와 농사부산물인 짚과 야채, 풀을 먹인다. 겨울철에는 미나리 단지에서 다듬고 남은 미나리를, 여름에는 축사 주변에 널린 산야초를 베어 먹인다. 간혹 농산물 도매시장에서 시들해진 과일이나 야채를 얻어 먹이기도 한다.

자연축산에서 찾는
소농의 미래

그가 돼지를 키운 지는 햇수로 3년째다. 종돈은 2년 전 김천 막사발생태마을에서 자연축산을 하는 권익우 씨로부터 암수 새끼 두 마리를 분양받았다. 여덟 달 만에 임신한 것을 시작으로 지금까지 두 배를 낳았다. 지금은 새끼 13마리를 포함해 모두 25마리를 기르고 있다. 축사는 18평으로 돼지들이 자유로이 활동하고 쾌적하게 지내기에 충분하다. 무엇보다 자연 사료를 먹는 돼지우리에서는 고약한 악취가 나지 않는다. 일 년에 한 번도 우리 청소를 하지 않는다고 하는데도 말이다.

올 8월에 처음으로 도축을 하였다. 한 달에 두 마리 정도 잡았는데 마리당 순수익 70만 원 정도 됐다. 매달 돼지 사육으로 100만 원 이상을 버는 셈이다. 돼지 키우는 데 드는 시간은 하루에 30~40분 남짓이라고 보면 괜찮은 농사임에 틀림이 없다. 그가 생산하는 돼지고기는 모두 직거래로 판매된다. 요즘은 고기가 모자라 못 파는 상태다. 그동안 구축한 네트워크가 주된 소비망이다. 특히 소시지 체험교실을 다녀가는 이들 상당수가 그의 돼지고기를 사서 먹는 단골고객이 됐다. 그에게 종돈을 분양해준 막사발생태마을의 돼지도 수시로 팔아준다.

지금 어미 돼지가 한 마린데 1년에 두 배씩 한 번에 10~13마리를 낳으니 연 25마리 정도 늘어난다. 돼지 사육에 전념한다면 어미 돼지 5마리까지 가능하다고 한다. 하지만 그는 욕심을 내지 않는다. 돼지 숫자를 늘리기 위해서는 축사를 그만큼 더 넓혀야

하고, 일도 급격하게 늘어나 부담이 커지기 때문이다. 내년쯤에는 여러 가지 형편을 봐가며 어미 돼지를 한 마리 정도 늘릴 계획이다.

자연축산은 소규모로만 가능하다. 자본이 있다고 되는 게 아니다. 대량생산을 하자면 어쩔 수 없이 사료를 먹여야 하고, 항생제를 쓸 수밖에 없다. 주변에서는 그에게 정부가 지원을 해주는 농가 식당까지 해보라고 권하지만 한마디로 거절했다. 무엇보다 직영 식당을 할 경우 고기를 확보하는 게 어렵다. 또 사업 규모가 커지는 만큼 관리비도 많이 들어간다. 사업을 늘리는 게 능사가 아니다. 결국 판을 크게 벌이면 대량생산의 유혹을 받게 되고 자연축산의 취지와 기조가 무너질 것이 뻔하다.

수제소시지를 앞세운 체험교실은 단순한 체험을 넘어서 '바른 먹거리'에 대한 인식의 확대와 생산자와 소비자 간의 직거래를 통한 건강한 식품 유통 등 메리트가 많다. 무엇보다 청소년들에게 바른 먹거리 교육을 통해 건강한 음식의 중요성을 인식하는 일은 큰 보람이 아닐 수 없다.

"이곳에서 만들어내는 소시지는 일절 화학첨가물을 사용하지 않습니다. 5년째 소시지를 만들고 있는데, 그간에 쌓인 노하우가 건강하고 맛있는 소시지 생산을 가능케 합니다." 시행착오를 거듭하고 밤샘 연구에 매달리기를 3년쯤 하니까 제대로 된 소시지가 만들어지더라는 것이다. 그동안 구운 고기를 양으로 따지면 아마 수십 톤은 될 것이라고 한다.

그는 소시지 관련 장인들과 육가공실습학교, 체험장, 가공장

등 여러 곳을 찾아다니며 수제햄과 소시지 등 다양한 육가공 제
조법을 배웠다. 그리고 소시지 체험을 하면서 실전을 익혔다. 그
는 원래 호기심도 많고 배우고 연구하는 것을 즐긴다. "짬짬이
막걸리도 만드는데 이력이 7, 8년이 됐어요. 첨가물 없이 새콤하
게도 만들고 달착지근하게도 만들 수 있습니다. 노하우는 온도
와 물을 조정하는 데 달렸지요." 수제소시지를 안주로 마셔본 그
의 막걸리 맛이 예사롭지 않았다.

　요즘은 카페 회원을 대상으로 판매하는 소시지를 일주일에
30팩(한 팩에 500g) 정도 만든다. 소시지 체험과 육가공품 생산으
로 한 달에 돼지고기 200~300kg을 사용하고 있다. 매달 둘째 토
요일에는 울산 태화강변에서 열리는 에코마켓에도 참가한다. 며
칠간 열심히 소시지를 만들어서 나가는데 반응이 매우 좋다. 그

의 수제소시지 맛을 본 사람들이 늘어나면서 주문도 계속 늘어나는 추세다.

'건강한 먹거리' 공감하는
아이들에 보람

그가 무엇보다 보람을 느끼는 것은 '찾아가는 체험' 프로그램이다. 초등학교 아이들을 대상으로 건강하고 안전한 먹거리, 육류에 대해 가르치는데 아이들의 식생활 인식을 바꿔준다는 점에 의미를 두고 있다.

"교실에서 소시지를 직접 만들면 아이들이 정말 좋아해요. 자연스럽게 가공식품의 문제점, 좋은 고기가 어떤 것인가에 대해 이야기하죠. 먹거리 교육은 아이들의 눈높이에 맞춰야 하는 게 쉽지는 않지만 보람이 너무 큽니다."

가령 쇠고기의 경우 마블링의 문제점을 이야기한다. 맛 때문에 가둬놓고 GMO배합사료를 먹여 생산하는 고기와 지방은 많이 먹으면 건강을 해친다는 점을 강조한다. 화학첨가물을 하나하나 읽어주면서 그 정체를 설명해준다. 색을 내고 쫄깃한 육질을 만드는 데 쓰는 아질산나트륨의 경우 그 독성에 대해 이야기한다. 소시지 10kg 만들 때 1g을 넣는데 그 정도 양을 먹으면 사람들은 어떻게 될까, 질문을 던지면서 관심을 유도한다. 만약 아질산나트륨 1g을 한 사람이 먹으면 바로 죽는다, 1g이 치사량이라고 하면 아이들이 놀란다. 인산염의 경우는 아이들의 뼈 성장을 방해하고 골다공증을 유발한다고 설명해주면 가공식품에 대

한 아이들의 생각이 달라진다고 한다.

색소 등 화학첨가물은 아이들뿐만 아니라 국민 전체의 건강을 위협한다. 관련 단체들이 연대해 국민건강 차원에서 화학첨가물 식품추방 등 소비자 운동을 조직적으로 펼칠 필요가 있다고 그는 거듭 강조한다.

"소비자 교육의 중요성은 건강한 먹거리를 안내하는 일이기도 하지만, 그를 통해서 안전한 먹거리의 생산이 가능해진다는 점에서 일석이조지요. 좋은 먹거리를 생산하고 소비하는 네트워크를 구축하는 것은 엉터리 식품이 범람하는 현실에 비춰 매우 의미가 크다고 볼 수 있겠습니다."

조 씨는 자신의 생업 외에도 지역사회를 위해 적극적인 활동을 펼치고 있다. 양산농촌체험관광협회의 실무를 도맡아 한다. 2013년 협회가 창립될 때부터 조직 구성 등에 적극적으로 참여했다. 작년 가을부터는 사무국장을 맡아 축제 등 사업 기획과 진행에 바쁘다. 현재 협회에는 스물다섯 농가가 가입돼 있는데 아직 절반 정도는 체험 프로그램을 운영하지 못하고 친환경 농산물만 생산하는 단계다. 올해 정부로부터 1억 원의 국비를 지원받아 다양한 사업을 펼치고 있다. 협회로 농가체험 신청이 들어오면 고르게 분배하는 역할과 생산 농작물을 판매하는 데 도움을 준다.

그는 체험에서 중요한 것은 가공으로 부가가치를 높이는 일이고, 도농이 교류하고 관계를 맺는 일이 중요하다고 강조한다.

농촌 생산자와 도시 소비자가 직거래를 하는 과정에서의 체험 활동은 시너지 효과가 크다. 체험활동을 통해 농작물의 생산 과정을 지켜보고 이해하면서 서로 간에 신뢰를 구축할 수 있다는 것이다.

또 농산물을 가공하면 부가가치가 크게 올라간다. 가령 친환경 토마토 1kg을 2000원에 판다면 거기에 들어간 농자재 값을 제하면 농민은 기껏 몇백 원 정도 남는다. 그런데 주스로 가공해 팔면 6000원에 팔 수 있다. 이때 토마토 값에 병 값 포함해서 3000원 정도 든다면 가공을 통해 무려 3000원을 버는 것이다. 질 좋은 농산물은 가공을 통해서 부가가치를 높여야 농가의 안정적 수입을 창출할 수 있다고 강조한다.

그는 여러 측면에서 소농으로서 자연축산에 미래를 걸 만하다고 주장한다. 첫째, 대량생산이 불가능한 만큼 대기업이 넘볼 수 없다. 둘째, 자본에 의존하지 않고 인력만으로 생산이 가능하다. 사료 값 등 비용이 들지 않기에 외부적 영향을 거의 받지 않는다. 만약 쌀겨 값이 오르면 옥수수나 콩 등 대체작물 재배로 바꾸면 된다. 노력만 하면 충분히 가능하다. 셋째, 가족단위 농사가 가능하다. 넷째, 먹거리 네트워크를 구축하면 판매를 염려할 일이 없다. 다섯째, 해외에서 수입해 오는 사료를 쓰지 않기 때문에 사료 파동과도 무관하고 소득이 안정적이다. 여섯째, 단백질 지방 등 좋은 품질의 식품을 생산할 수 있다. 마지막으로 사람들에게 제대로 된 먹거리를 공급할 수 있다.

시행착오 겪지만
새로운 도전은 즐거워

어느 날 갑자기 직장을 그만두고 자신의 적성에 맞는 일, 이웃과 사회에 유익한 일을 주도적으로 찾아나선 것에 대해 그는 조금도 후회하지 않는다고 한다. 그에게 귀농은 힐링이었다. 짧지 않은 시간 시행착오도 없지 않았지만 새로운 도전은 늘 즐겁고 행복했다.

"좋은 직장을 그만두고 사서 고생한다고 염려의 눈길을 보내

는 이들도 있지만, 솔직히 지금 내 삶은 직장생활 할 때보다 열 배 이상 행복합니다. 비록 돈은 적게 벌지만 삶의 만족도나 질은 엄청나게 높아졌지요. 간혹 저를 찾아오는 선후배들은 제 얼굴이 너무 좋아 보인다고 해요."

새벽 두 시까지 일을 할 경우가 있어도 그 자체를 즐긴다. 그게 자신의 일이기도

하고 금액은 적지만 고스란히 자신의 수익이 되기 때문이다. 스스로가 선택한 길, 원해서 하는 일이 신이 나지 않을 수 없다. 간혹 일이 힘들게 느껴져도 짜증은 나지 않는다. 누가 시켜서 하는 일이라면 이렇게 신나고 즐거울 수가 있을까.

비록 버는 것은 줄어들지 모르지만 행복해질 수 있는 길이 귀농이라고 강조한다. 조 씨처럼 주체적이고 자발적인 선택이라면 후회하지 않을 게 분명하다. 자신감 넘치고 활기찬 그의 모습이 자발적 귀농의 행복감을 온전하게 보여주고 있다.

우리 쌀로 막걸리 만들기

조현창

2년 동안 매일 저녁 심심풀이로 여러 지방의 다양한 막걸리를 먹어봤습니다. 조금씩 다른 맛을 가진 여러 종류의 막걸리지만 거의 수입쌀과 밀가루로 만들어져 있고, 당분 10%와 인공감미료가 첨가되어 있었어요. 그 때문인지 좀 많이 마시면 머리도 아프고 속도 안 좋더라고요. 그래서 직접 시도를 해보았지요. 몇 번의 시도 끝에 부드러운 단맛과 쓴맛, 톡 쏘는 느낌과 깊은 맛이 나는 막걸리를 만들었습니다. 몇 번의 시행착오를 겪고 나름 완성도가 높은 것 같기에 이 기쁨을 나누고 싶어 자세한 방법을 알려드립니다.

재료 준비물

1. 유기농쌀 3kg

2. 누룩 500~700g

3. 밑술 1병(우리쌀 막걸리). 밑술을 넣으면 잡균발생이 적어 성공확률이 높아짐.

4. 생수 3.5~4리터(누룩을 섞은 찐쌀을 장독에 넣을 때 손등이 잠길 정도의 양과 나중에 술을 거를 때 적당량이 필요).

5. 1차 거름망-가는눈의 조리용 스텐레스망, 2차 거름망-면이나 광목으로 된 거름망.

6. 전통단지(항아리). 사용 전 잡균 방지를 위해 반드시 끓는 물로 씻어 소독.

만드는 방법

1. 쌀 3kg을 깨끗이 씻어 하루정도 불려둔다.
2. 불린 쌀을 2시간 정도 체에 받쳐 물기를 뺀다.

3. 물기 뺀 쌀을 찜솥에 넣고 면 보자기를 깐 다음 2시간 정도 찐다. 밥알이 고슬고슬하게 따로 놀면 잘 쪄진 상태(쌀이 많으면 덜 쪄지는 경우가 있으니 한 번씩 뒤적여야 함).
4. 고두밥을 체에 덜어 미지근할 때까지 식힌다.
5. 잘게 부순 마른 누룩과 고두밥을 섞는다.
6. 누룩 섞은 고두밥을 단지에 넣고 준비한 생수 2병을 붓고 고루 잘 저어준다.
7. 서너 시간 지나면 밥알이 물기를 빨아들여 단지에는 밥알만 퉁퉁 불어 있다.
8. 술을 익힐 때는 장독을 천으로 살짝 덮어둔다.
9. 매일 아침저녁으로 골고루 저어준다.
10. 20~25도의 실온에서 일주일 정도 지나면 가스가 올라오던 것이 줄어들고 위로 맑은 물이 떠오른다. 그러면 단지에서 건져서 생수 2리

터 한 병 더 붓고 술지게미와 조
물조물 만지고 치대고 난 뒤 걸러
준다. 원주가 15도 정도이니 생수
를 2병 정도 붓는다면 일반적인
막걸리(도수6~7도)가 된다.

11. 1차로 넓은 망에서 대충 찌꺼기를
거른다. 다시 주머니처럼 생긴 면
보자기에 넣고 손으로 문질러가면
서 술을 걸러낸다.

12. 빈 생수병에 막걸리를 채운다. 계
속 발효 중이니 뚜껑을 느슨하게
닫은 다음 냉장 보관한다. 3~4일
지나고 먹으면 맛이 제대로 든다.

13. 오미자나 구기자를 첨가하고 싶
다면 그 물을 달여서 넣어주면
된다.

- 다음카페 조아저씨의 수제햄소시지 공방, 2012. 9. 21

산에서 찾는 행복
함께 누릴 이 없나요

산청 단성 김제흠

산이 인간에게 주는 선물은 이루 헤아릴 수 없이 많다. 맑은 공기와 녹색 숲이 주는 공익적 효과는 숫자로 환산할 수 없을 정도다. 그런 산이 이제 생업의 공간으로 주목받고 있다. 특히 귀농하려는 이들에게 산은 새로운 삶터로 각광받는다. 산을 선택하는 귀농자들이 늘고 있는 가운데, 산에 터를 잡고 숲에 기대어 뜻 맞는 이들과 함께 숲을 일구며 살고자 하는 이가 있다.

김제홍 씨를 처음 대하면 마치 도인을 마주한 느낌이 든다. 맑은 얼굴빛과 얼굴을 둘러싼 흰색 구레나룻, 생활한복을 입은 모습이 그런 인상을 주기에 충분하다. 하지만 그와 잠시 말을 나눠 보면 선입견이란 게 얼마나 허무맹랑한지 금세 알 수 있다. 그가 쏟아내는 언사들은 지극히 실용적이다.

새로운 생업의 공간으로
주목받는 산

산을 어떻게 개발하고 활용할 것인가가 그의 주된 화제다. 그는 산에 대한 욕망을 감추지 않는다. 그가 던진 첫마디는 귀농하려면 산을 주목할 필요가 있다는 것이었다. 이제 산은 새로운 블루오션으로 떠올랐고, 무궁한 가능성이 열려 있다고 거듭 강조한다.

"귀농하겠다면 산에 눈을 돌려볼 필요가 있어요. 근래 들어 우리 주변에서 산에 대한 관심이 폭발적으로 늘어나고 있는 것을 볼 수 있습니다. 우리의 산들은 풍요롭습니다. 오랫동안 사람의 발길이 끊어지면서 온전한 자연 상태를 회복했지요. 그곳에 더덕, 두릅, 취나물, 고사리 등 산야초를 심어보세요. 그들은 별로 관리하지 않아도 스스로 큽니다. 씨앗과 뿌리를 통해 자신의 영역을 넓히면서 자랍니다. 크게 힘 안 들이고도 몇 해 안 돼 결실을 볼 수 있어요."

하지만 산야초 등 임산물을 직접 채취해서 상품을 만들기는 쉽지 않다. 산에서 나는 대부분의 작물들이 짧은 시간에 피었다가 지기 때문에 순식간에 거둬들이지 않으면 쓸모없게 되기 십상이란 것이다. 짧은 수확 시기에 제대로 거둬들이려면 일손을 사야 한다. 그렇게 인력을 사서 쓰다 보면 타산이 맞지 않을 수도 있다. 그래서 김 씨는 수확기에 도시 소비자들을 끌어들여 체험하는 프로그램을 만드는 것도 괜찮은 방법이라고 생각한다. 도시사람들이 산림 현장에 와서 직접 임산물을 채취하고, 그것을 즉석에서 요리도 해 먹고 가져가기도 하는 체험프로그램을 활용하자는 것이다. 요즘 들어 밤이나 매실의 경우 수확기에 체험활동을 통해 현장에서 판매하는 경우가 많아졌다.

김 씨는 자신의 산을 '임산 공동체'로 만들었으면 한다. 뜻 맞는 사람들이 함께 숲을 가꾸고 다양한 활동을 하면서 작물을 수확하고 가공 판매하는 작은 마을을 만드는 것이다. 임산물을 생산하면서 숲체험 활동도 하는 건강하고 평화로운 삶을 공유하는 공간을 만드는 일은 상상만으로도 흐뭇하고 행복해진다. 그는 이 땅의 토양이 화학비료와 농약으로 황폐화되고 있는 현실에서 산지의 비옥한 흙이 갖는 의미 또한 각별하다고 말한다.

"산은 오랫동안 사람의 손길이 미치지 않고 자연 상태를 유지하고 있기 때문에 토질이 무척 좋습니다. 어떤 작물을 심어도 유기농이 가능합니다. 수십 년간 쌓인 낙엽이 비바람에 썩어 부엽토가 되어 흙을 부드럽게 한 것이지요. 산이 가진 건강한 토양에서 건강한 먹거리를 만들어낼 수 있습니다. 이제는 잘 활용하는 게 중요합니다."

좋은 산 찾아 경남 일대
샅샅이 뒤져

그는 귀농 결심을 하고부터 산에 주목했다. 지난 2007년 부산귀농학교 21기를 마치고 귀농할 곳을 본격적으로 탐색하기 시작했다. 의령, 산청, 합천, 함양 등 경남 일원의 산지를 샅샅이 뒤지다시피 했다. 현지 부동산 업체를 찾아 임야거래 정보를 확인해보고, 매물이 나오면 연락을 달라고 일일이 부탁했다. 부동산 소개 전문지를 수험공부 하듯이 탐독했다.

그러기를 몇 해, 2011년에 지금 자리 잡고 있는 밤나무산 3만 평을 구입했다. 경남 산청군 단성면 청계리 용두마을 뒷산이다. 용두마을을 둘러싸고 있는 산은 산세가 좋아 옛날 단속사라는 유명한 절이 있었다. 그 산자락의 완만한 경사지에 그의 농장이

자리 잡고 있다.

　김 씨는 부동산 중개인으로부터 그곳을 소개받고 아침저녁으로 산에 올라봤다. 임도를 따라 천천히 산자락을 둘러보고, 시간에 따라 변하는 산의 색깔과 분위기도 세심하게 관찰했다. 무엇보다 정남으로 아늑하게 앉아 있는 모양새가 마음에 들었다. 풍수도 고려했다. 이 마을이 용두마을이고, 매입한 산자락은 용머리에 해당한다고 했다. 평소 풍수에 관심이 많아 공부를 했다. 그는 사들인 3만 평 중 일부를 개발해 들어왔다. 하루 종일 볕이 잘 드는 쪽에 터를 닦고 비닐하우스를 지었다. 그리고 그 아래에 집터를 마련하고 현재 집을 짓고 있다. 집 뒤편을 개간해서 텃밭도 수백 평을 만들었다.

　정남향인 그의 산은 음침하거나 습한 기운이 전혀 느껴지지 않았다. 밝고 따뜻한 느낌이 기분을 편안하게 만든다. 그의 표현을 빌리자면 "해가 얼마나 좋은지 빨래를 해서 말리면 향기가 날 정도"라고 한다. 산지임에도 한겨울에 크게 춥지 않다. 오목하게 터를 잡아 외풍도 전혀 없고 햇살이 하루 종일 비친다. 겨울에는 산 아래 마을보다 훨씬 더 따뜻하단다. 그가 집터를 닦은 곳에 작은 못을 파놓았다. 산에서 흘러내리는 물이 머물렀다 아래로 흐른다. 그의 산을 찾았을 때가 한여름인데도 손을 넣어보니 시릴 정도로 물이 차가웠다. 반면에 겨울엔 미지근하고 아무리 추워도 살얼음만 낄 정도라고 한다.

그는 부산 토박이로 공무원 출신이다. 수십 년간 경찰 공무원으로 일했다. 농촌에 대한 기억은 어린 시절 외가인 창녕을 다니던 것뿐이었지만 마음속으로는 늘 농촌의 여유로운 풍경을 동경했다. 그는 꽉 짜인 직장 생활이 체질에 맞지 않았다. 젊어서부터 자유로운 삶을 늘 꿈꿔왔고, 급기야 50대에 들어서자 일찌감치 퇴직하고 귀농을 준비했다. 친한 벗의 권유로 부산귀농학교에 입학해서 생태적 삶과 친환경 농사에 대해 새롭게 눈을 떴다.

산을 매입한 그는 벅찬 마음으로 자신의 산을 올라 둘러봤다. 그런데 저쯤에서 어떤 이가 밤을 따고 있더란다. 가까이 가보니, 밤을 따던 이가 그에게 당신은 누군데 남의 산에서 배회하느냐고 물어왔다고 한다.

"얼마 전 이 산을 구입한 사람이라고 했지요. 그랬더니 어이구 그렇습니까, 집에 가서 차나 한잔하자고 해요. 그래서 그의 집에 가서 차 한잔 얻어 마시면서 이런저런 이야길 나눴지요. 그 사람도 도시 생활을 접고 고향인 이곳으로 내려온 지 얼마 되지 않았다고 해요. 이야기 끝에 산을 관리하려면 거처가 필요한데 방 한 칸 빌려달라고 했죠."

그렇게 그는 자신의 산 아래, 용두마을에 방을 하나 얻어서 들어왔다. 그리고 2년 동안 매일 산에 올라 풀을 베고 잡목을 솎아내는 작업을 했다. 마을에 살면서 자연스럽게 주민들과 안면을 텄고 친해졌다. 그는 마을에 행사가 있을 때마다 반드시 참석하고 성의껏 찬조금도 내놓았다. 그런 과정을 통해서 스며들 듯 마을 주민이 되는 게 그의 바람이다. 귀농의 성공조건 가운데 마을에 적을 만들지 않는 것도 중요하다.

2년을 마을에서 더부살이를 하다가 산에다 직접 거처를 마련했다. 군청 담당자를 찾아 여러 조언을 얻고 산림의 일부를 개발했다. 포클레인을 동원해 임도를 연장하고 하우스를 지을 터를 닦았다. 하우스 안에 겨울에도 날 수 있는 방을 만들었다. 그가 직접 철제 기둥을 사서 용접을 하고 단열재를 넣고 벽체를 쌓았다. 방바닥엔 전기판넬도 깔았다. 그때부터 하우스에서 생활하면서 산을 관리했다. 지난봄부터 하우스 아래 터를 닦고 서른 평짜리 주택을 지었다. 이번 추석에는 부인과 노모가 이곳으로 와서 명절을 쉴 것이라고 한다.

혼자서 누리는
이 내밀한 평화

그가 이곳으로 들어온 지 벌써 5년째다. 지금껏 그는 산에서 혼자 생활했다. 그의 가족은 부산에서 생활하고 있다. 해운대에 사는 부인은 직장생활을 한다. 부인의 수입원이

그가 산을 개발하는 데 들어가는 자금원이다. 장성한 아들과 딸은 다 외지에 나가 있다. 아들은 호주에서 공부하고 있고 딸은 서울에서 생활한다. 노모는 대연동에서 산다. 다섯 살림을 하는 셈이다.

김 씨는 자기 자신을 위해 이곳으로 들어왔다고 한다. 이제는 자신이 없어도 가정이 문제없이 꾸려진다. 그는 산과 더불어 살면 행복하다. 물론 부인이 직업전선에서 일하는 게 마음에 걸리긴 하지만 다행스럽게도 부인이 일을 즐긴다고 한다. 자기 일 없이 가사만 하면 무료하게 느낀다는 것이다. 또 생계를 위해 누군가 더 일해야 하는데, 그동안 자신이 가족을 위해 열심히 일했으니 이제 아내가 생계를 맡는 것도 크게 틀리지 않다는 생각이 들더란다.

산속에서 혼자 살아도 외롭거나 심심하지 않다. 마을과 동떨어져 인적조차 없는 산속에서도 무섭지 않단다. 그럴 틈이 없다고 한다. 낮에 산에 매달려 일하다 보면 잡생각이 들 틈이 없고,

해가 빠지고 저녁만 먹으면 피곤한 몸에 단잠이 쏟아진다. 가족과 떨어져 사는 것도 괜찮다. 일주일에 한 번씩 이곳을 찾는 부인과 관계가 더욱 돈독해졌음을 느낀다. 서로 이해해주고 아껴주는 마음이 절로 생기더라는 것이다.

"일주일에 한 번씩 오고가는데 정말이지 서로 편안함을 느껴요. 집사람이 바쁘면 보름에 한 번, 한 달에 한 번 오기도 합니다. 하지만 올 때마다 반찬거리 가져다주고 필요한 것 챙겨 오지요. 저는 혼자 여기서 지내는 게 너무 행복합니다. 그렇게 편안할 수 없어요. 이곳과 제가 맞으니 그렇겠지요."

특히 그는 이곳에서 겨울나는 게 무척 좋다. 산야의 풀들이 내려앉고 솔잎이 홀로 푸른 고즈넉한 풍광을 즐기면서 보내는 겨울은 스스로를 돌아보는 시간도 된다. 바람소리조차 멎은 고요한 겨울밤을 홀로 지새며 만나는 내밀한 시간은 마음의 평화를 선사한다. 하우스 안은 한겨울에도 따뜻하다. 종일 햇볕이 들어 화목난로에 나무를 조금만 때도 실내가 훈훈하다. 부산에 있는 집보다 춥지 않다. 겨울에 반팔로 생활할 정도다. 눈이 와도 금세 녹아버린다.

김 씨는 이 산에 다양한 경제수종과 갖가지 산야초를 심고 있다. 첫해 밤농사를 해봤는데 재미가 없었다. 벌레가 많아 성한 밤을 찾아보기 힘들었다고 한다. 그래서 밤나무를 베어내고 다른 나무들을 심었다. 수종갱신 사업을 신청해서 지원을 받을 수 있었다. 지난해 군에서 400만 원을 지원받고 자부담 300만 원을 더해 3000평의 밤나무 밭을 밀어내고 엄나무 1000그루와 포포

나무 100그루, 구지뽕과 왕매실, 돌배나무를 식재했다. 산 곳곳에 더덕과 장뇌삼의 씨를 뿌렸다. 내년이나 되면 일부 소출이 나올 것으로 기대한다.

"산은 만들기 나름입니다. 자기가 디자인한 대로 개발하고 사용할 수 있습니다. 맘먹은 대로 청사진을 그리고 그것이 하나하나 이뤄져 나가는 것을 보는 뿌듯함은 특별하지요. 넓은 산의 10%만 제대로 활용해도 좋은 결과를 가져올 수 있어요. 멀리 내다보고 여유를 갖고 이것저것 심어놓고 시간을 기다리는 것이지요."

그가 개간한 텃밭에 잠시 앉아 풀을 뽑는다. 오랜 세월 부엽토가 쌓인 흙이 마음을 어루만진다. 손으로 전해오는 감촉이 너무나 부드럽다. 언제 그런 흙을 만져봤던가. 어린 시절 고향의 밭고랑에서 느껴보던 흙의 감촉이다. 발로 밟으면 푹푹 빠질 정도다. 농약이나 비료에 조금도 오염되지 않았으니 자연 그대로의 살아 있는 생명의 땅이다. 300평은 족히 될 법한 그의 텃밭에는 온갖 채소와 산야초들이 심겨 있었다. 작물들 사이에 뿌리내린 풀들을 잡아당겼는데 아주 부드럽게 뽑혀 올라왔다.

좋은 이웃 들어와
오순도순 살았으면

그의 산에는 집을 지을 만한 터와 농사 지을 공간이 곳곳에 보였다. 그는 이곳에 뜻이 맞는 한두 가구가 들어와 함께 작물을 심고 거두며 오순도순 살고 싶다고 한다. 귀농학교 출신이면 더욱 좋겠단다.

"좋은 이웃이 들어와 같이 살면 좋겠어요. 3만 평이나 되는 땅을 저 혼자 관리하기에 힘이 부치고요. 직장에서 은퇴한 가정이 들어와 생명의 가치, 생태적 가치를 공감하면서 살아갔으면 합니다. 염소나 닭도 재래식으로 사육해보고요. 가축이 내는 거름으로 온전하게 순환농사도 해보고 싶어요. 토종씨앗을 재배해 갈무리하고, 유실수도 좀 더 넓혀 만여 평 정도는 해보고 싶어요. 이곳에 작은 생태마을을 만드는 게 꿈입니다."

그렇게 이웃과 만년을 재미나게 즐기고 싶다. 아이들이 이곳으로 찾아오면 좋고 그렇지 않으면 할 수 없고. 재산을 물려줄 것도 아니고… 일하다가 막걸리 한 사발 먹고 밤에 단잠 자는 이보다 더 평화롭고 행복한 삶이 어디 있겠는가, 되묻는다.

"몇 해 안에 집사람도 합류해야겠지요. 여기에서 노년을 보내면 자식들에게 짐도 되지 않을 것이고, 아파도 아이들에게 연락하지 않을 겁니다. 죽을병이다 싶으면 곡기를 끊어버리고 깨끗하게 삶을 정리하면 되겠지요. 작년에 친구가 위암에 걸렸어요. 그래서 공기 좋은 시골에 가서 집을 지었는데, 들어간 지 6개월 만에 죽었습니다. 죽고 나자 유족들이 집을 팔려고 내놨어요. 그런 것을 보면 인생이 허무하죠. 따뜻한 자연의 품에서 마음을 다스리면서 조용히 사는 게 만년을 보내는 데 최고이지 싶습니다."

그는 산을 살 때 가장 중요한 것은 도로가 산까지 연결돼 있느냐 하는 점이라고 강조한다. 실제 존재하는 현황도로가 아니라 공부상 도로가 있어야 한다. 도로만 있으면 산을 개간해 밭을 만들 수도 있고 절차를 밟으면 집도 지을 수 있다. 산지보전관리 지역만 아니면 가능한 일이다. 공부상에 도로가 없으면 현황도로가 널찍하게 포장돼 있더라도 건축허가가 안 난다. 그다음은 향이 중요하다. 산지는 겨울에 춥다. 그래서 남향이 돼야 한다. 산그늘이 깊지 않고 골바람이 없는 곳이면 금상첨화다.

그리고 급경사는 피해야 한다. 중경사 정도는 괜찮다. 완경사는 가격이 밭 값이나 마찬가지니 의미가 없다. 산은 겨울에 일하기 좋다. 초겨울부터 2월까지는 잡풀도 사그라지고 나무도 물을 덜 빨아들여 마른 상태다. 잡목을 잘라내기에 적기다. 좋은 산의 식별법, 산의 관리법, 산에 대한 그의 해박한 실전 경험은 흥미진진하면서도 실감이 났다.

"이제는 산의 시대입니다. 산에 메리트가 있어요. 산의 활용도는 생각보다 많습니다. 엄격한 규제가 적용되는 공간이라고 생각하기 쉬운데 다양하게 활용할 수 있는 공간이 산입니다. 산도 관리하기 나름입니다. 노력을 들이고 관심을 보이면 충분히 좋은 삶터가 될 수 있어요. 한계에 봉착한 우리의 먹거리 문제도 산을 통해서 도움을 받을 수 있습니다."

그의 산 예찬론이 끊임없이 이어졌다. 볕 좋은 이곳 숲이 그가 꿈꾸는 자연과 공존하는 생태적 공간, 이웃과 함께 평화롭게 살아가는 공간으로 무르익었으면 하는 바람이다.

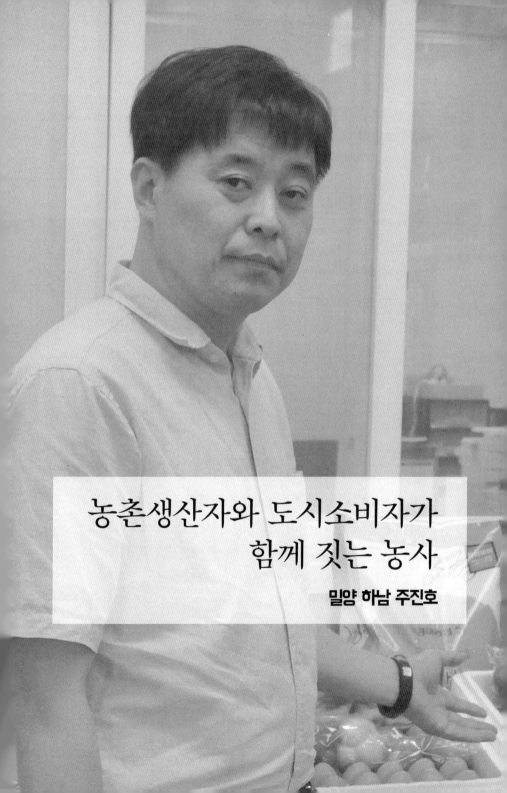

농촌생산자와 도시소비자가
함께 짓는 농사

밀양 하남 주진호

사이버 공간에서 농촌 생산자와 도시 소비자가 서로 믿고 농산물을 거래하는 도농교류 플랫폼. 소비자가 컴퓨터와 스마트폰을 통해 지역농가의 농산물 정보를 한곳에서 조회, 검색하고 관심 있는 농가정보를 SNS와 연동해 실시간 공유하는 시스템. 비단 농산물뿐만 아니라 다양한 콘텐츠가 소통되는 농촌과 도시의 가교. 사람 사는 이야기, 일상의 문화, 모임과 활동 등 삶의 정보도 어우러지는 소통의 공간.

주진호 씨가 추진하고 있는 '함께 농사짓기 농산물 직거래 시스템'의 모습이다. 그는 친환경으로 농사짓는 유기소농과 도시 소비자를 연결하는 또 하나의 공동체를 구축하고자 한다. 이 시스템은 사람과 사람의 관계, 신뢰를 최우선으로 한다는 점에서 상품 중심의 여느 인터넷 농산물판매 방식과는 궤를 달리한다. 단순히 물건을 사고파는 공간이 아니라 서로를 이해하고 돕는 호혜의 광장이 그가 꿈꾸는 도농교류 플랫폼이다.

새로운 공동체의 가능성을 여는 도농교류 플랫폼의 씨앗이 자라나고 있다. 주 씨가 대표로 있는 밀양로컬푸드다. 밀양시 하남읍 남전리에 자리 잡은 밀양로컬푸드는 주 대표를 포함해 모두 일곱 명의 직원이 지역 친환경 농산물을 매개로 도농교류의

전진기지 역할을 하고 있다. 남전리 일대 3만 평 규모의 친환경 단지 열다섯 농가에서 생산되는 야채와 과일, 초동면 명성리와 대곡리 일대에서 재배되는 서른여 농가의 친환경무농약쌀을 꾸러미로 묶어서 판매한다.

밀양로컬푸드는 지역의 소농이 농사지은 친환경 농산물을 중간유통 과정 없이 소비자에게 직접 연결해준다. 생산 농가에는 안정적 판매를 보장하고 도시 소비자에게는 안전하고 신선한 먹거리를 값싸게 제공한다는 취지로 설립됐다. 엄청난 유통비용으로 생산 농가가 고생해 키운 농작물을 제값을 받지 못하고 내놓는 경우가 허다한 현실 속에서 의미 있는 일이 아닐 수 없다.

영농조합법인 형태의 사회적기업인 밀양로컬푸드는 2012년 3월 설립과 더불어 '착한농부꾸러미' 사업을 시작했다. 부산경남 울산 지역 소비자를 대상으로 다양한 친환경먹거리를 지속적으로 제공하는 사업이다. 착한농부꾸러미는 곡물 및 제철 농산물 7~9종으로 구성된다. 곡물(백미, 현미, 검정보리쌀)과 자연방사 유정란을 기본으로 제철 과일·채소 등을 수확 즉시 배송한다. 꾸러미사업에 참여한 착한 농부들은 제초제, 항생제, 식품첨가제, 성장촉진제를 일절 쓰지 않고 천연거름, 천연효소, 친환경자재를 사용한 자연농법으로 농사짓는다. 한 달에 5만5000원을 내고 꾸러미 회원이 되면 보름에 한 번씩 꾸러미를 받는다.

"꾸러미사업은 소비자로부터 먼저 일정액의 돈을 받아 정기적으로 제철식품을 공급하는 방식입니다. 소비자가 농가에 대한 믿음이 없다면 그런 계약이 성립될 수 없습니다. 자연재배로 인한 초라한 모양의 채소나 과일에다가 양마저 들쭉날쭉한 걸 신뢰가 없이 받아들일 수 있겠습니까."

잘나가던 금융맨이
귀농하게 된 사연

주 씨는 원래 잘나가는 금융맨이었다. 그 나이 또래가 그렇듯 그도 농촌에서 태어나 도시에서 생활 기반을 굳힌 경우다. 밀양 수산이 그의 고향이다. 농가의 차남으로 태어난 그는 도시로 공부하러 나간 장남 대신에 가업인 농사를 이어야 할 판이었다. 하지만 그가 지켜본 농사란 것은 너무나 힘든 숙제였다. 이길 수 없는 싸움이란 생각이 들었다. 자연재해나 가격파동에 절망하는 농심을 숱하게 지켜봐 온 그로서는 농사는 결코 할 만한 일이 못 됐다. 그에게 공부는 숙명의 굴레에서 벗어날 수 있는 유일한 탈출구였다. 공부에 매달렸고, 도망치듯 도시로 나가 대학에 진학했다. 대학에서는 컴퓨터를 전공하고 졸업과 동시에 시중은행에 들어갔다.

은행에서는 전공을 살려 주로 이비즈니스 관련 업무를 보았다. 그 역시 여느 직장인처럼 성실하게 일해서 도시에서 자식 공부시키며 안정된 가정을 꾸리는 게 꿈이었다. 직장에서도 인정을 받아 승진을 거듭하고 서울에 집도 마련했다. 무엇보다 결혼 10년 만에 어렵사리 아이를 얻었다. 모든 게 순탄했고 행복했다. 아이에게 문제가 있다는 것을 알기 전까지는.

아들 성철이가 유치원에 가면서 보통 아이와 다르다는 것을 알았다. 아이는 자기 세계를 단단한 껍질로 꽁꽁 싸고 있었다. 발달장애였다. 행복한 가정에 갑자기 닥친 불운은 엄청난 충격이었다. 왜 하필 우리 아이냐고 하늘을 원망해보기도 했다. 그것도 잠시, 주 씨 부부는 아이의 치료를 위해 백방으로 뛰었다. 하지만 뾰족한 방법이 없었다.

"아이 때문에 세상을 달리 보게 됐습니다. 성철이가 정상이 아니라는 것을 알고부터 모든 생각은 아이의 미래를 어떻게 지켜줄 것인가에 쏠렸습니다. 치열한 경쟁 속에서 살아가는 도시 생활이 결코 아이를 행복하게 해줄 수 없을 것이란 생각이 들었죠. 또 아이의 행복을 위해서 나누는 일이 중요하다는 것도 깨달았어요. 서로 나누고 협동하는 행복한 공동체만이 아이의 미래를 보장해줄 것이란 생각이 들었고, 그러한 생각들이 삶의 방향타를 농촌으로 돌리게 했습니다."

그 역시 여느 장애인 부모처럼 돈을 많이 벌어서 아이가 평생 먹고살 걱정이 없도록 해야겠다는 생각도 해봤다. 바리스타 교육을 시키고 제빵사 자격을 얻게 해 가게를 열어줄까 하는 고민도 해봤다. 이런저런 생각으로 밤잠을 설치기 일쑤였지만 그게 정답이 아니라는 결론에 이르렀다. 아이의 미래를 부모가 완벽하게 지켜줄 수는 없다는 사실을 깨달은 것이다. 오히려 비슷한 처지의 부모들과 나누고 협력하고 함께할 때 내 아이의 미래를 담보할 수 있을 것이란 생각이 어렴풋하게나마 들었다. 설사 내가 어느 순간 빠지더라도 다른 이웃이, 공동체가 아이를 지켜줄 수 있는 시스템을 만들어보자. 나눔을 통해서 상생하는 공동체, 농촌을 배경으로 한 공동체에 생각이 머물렀다.

"아이를 통해 행복한 삶이 무엇인가를 진지하게 고민하게 됐죠. 일벌레처럼 직장에 매달리고 돈 벌고 집 장만하고 잘 먹고 잘 입는 게 행복의 전부인가에 대해 의문이 들었습니다. 소득이 줄더라도 진정으로 행복해질 수 있는 방법은 없는 것일까, 고민 끝에 얻은 답은 나눔이었습니다. 욕망이 들끓는 숨 막히는 경쟁의 정글을 벗어나는 게 최선의 방법일 수 있다는 믿음이 생겼어요. 궁극적으로는 뜻이 맞는 이들과 공동체를 만드는 일이라는 생각이 들었습니다."

그러한 생각들이 구체화되면서 그는 스스로가 할 수 있는 게 무엇인가, 나눌 수 있는 분야가 무엇일까에 대해 깊이 생각했다. 그는 농사짓는 건 싫었지만 농사를 이해하고 있었다. 은행에서 이비지니스를 담당했던 경험을 살려서 농사에 접목하면 기여할

길이 나올 것이라는 판단이 섰다. 2003년 그러한 생각들이 노력이 열매를 맺었다. '인터넷을 이용한 농축산물의 현물/선물매매 방법'이란 농산물 특허등록을 받았다. 그의 특허는 '슬로펀드' 개념을 기반으로 한다. 소비자와 농가가 연초에 미리 계약하고 가을 수확 후에 농산물을 받는 방식이다. 계약금의 10% 정도만 선금으로 지급되는 시중의 밭떼기 계약과는 근본적으로 다르다. 농가가 농사를 망치거나 과잉생산되더라도 문제가 없다. 슬로펀드는 생산될 농산물에 대해 적정한 가격을 정하고 사전에 비용을 다 지급하기 때문이다. 농민과 투자자가 신뢰를 바탕으로 이뤄지는 호혜의 계약관계다.

유기소농이 생산한 농산물로
꾸러미사업

　　　　　　　주 씨는 꿈에 한 발짝 더 다가가기 위해 2005년 서울 생활을 청산하고 부산으로 전근을 자원했다. 고향 밀양과 가까울 뿐만 아니라 처가가 있어 부인이 아이를 챙기는 일이 수월할 것 같다는 생각이 들었다. 부산의 한 지점에 근무하게 된 그는 대부계에서 영업을 담당했다. 거래처 중에는 농업계통 회사도 많았다. 거래 회사와 관련한 다양한 업무를 처리하고 경험한 것도 뒤에 영농조합법인을 만드는 데 큰 도움이 됐다. 하지만 사표를 낸다는 게 생각처럼 쉬운 일은 아니었다. 머릿속에 이런저런 구상을 해봤지만 막상 직장을 접고 나온다는 게 막막하고 두려웠다. 2010년, 그는 더는 미룰 수 없다는 생각이

들어 부산의 한 지점에 부지점장을 끝으로 은행원 생활 20년을
마감했다.

퇴직 뒤 그 동안 알고 지내던 농업회사법인에서 유통 담당으
로 2년간 일하며 농산물 유통 현장을 익혔다. 그렇게 도상 훈
련을 끝내고 2012년 영농조합법인을 사회적기업으로 출범시켰
다. 회사를 설립하기까지 2년간은 지역 농민을 지속적으로 만
나면서 관계를 맺고 조직화하는 데 온 힘을 쏟았다. 지역 농민
들에게 영농조합의 취지를 설명하고 열다섯 농가를 규합해 첫
발을 내디뎠다. 꾸러미 상품을 만들고 회원 모집에 나섰다. 연
고가 있던 부산의 기업이나 단체를 상대로 홍보 작업에 나섰
다. 꾸준히 뛴 결과 현재 조합 참여 생산농가도 50여 곳으로 늘
어났고 서른 곳으로 출발했던 꾸러미 회원도 200곳으로 크게
늘었다.

꾸러미사업은 좋은 취지에도 불구하고 회원을 늘리는 게 쉽지
않다. 마트에 가면 언제든지 마음먹은 대로 상품을 살 수 있는데
굳이 날짜가 정해져 있고 품목이 한정돼 있는 꾸러미를 받는 게

부담스러울 수 있다. 특히 개인이 선택하기에는 현실적으로 단점이 많다. 그래서 단체를 중점적으로 공략했는데 한국수자원공사나 신동디지텍 등과 거래를 텄다. 수자원공사 밀양지사는 밀양댐 주변 세 개 동의 노인들에게 식자재를 무상지원하는데, 그 업무를 위탁받았다. 직원이 200명인 신동디지텍은 사업주가 공동체 농업에 관심이 많다. 이처럼 좋은 가치를 공감하고 공유할 수 있는 개인이나 단체의 경우 지속적인 관계가 가능하다.

주 대표는 매일 오전 7시 부산진구 부암동에 있는 아파트에서 출근한다. 신대구 고속도로를 거쳐 회사까지는 한 시간 정도 걸린다. 회사에 도착하면 먼저 전날 주문받은 내용과 작업 현황을 확인한다. 그러고 난 뒤에 생산 농가를 방문하거나 꾸러미 회원 확보를 위한 판촉에 나선다. 특히 생산 농가를 주기적으로 방문해 현장을 찍은 사진을 이야기와 함께 블로그나 카페에 올린다. 사이버 공간을 통해서 생산정보를 소비자와 공유하는 것도 농가와 농산물에 대한 신뢰를 구축하는 지름길이다.

"직거래의 생명은 도농 교류이고 소통을 먼저 해야 합니다. 도농 교류는 무엇보다 사람과 사람의 신뢰가 우선입니다. 상품인 농산물에 앞서 농가에 대한 신뢰가 구축되어야 합니다."

그런 점에서 밀양로컬푸드 홈페이지는 일반 농산물판매 홈페이지와는 다르다. 일반적으로 사과를 판매할 경우 사과의 사진과 규격, 가격이 먼저 오른다. 사과 몇 킬로그램에 얼마라는 내용이 가장 먼저 눈에 띈다. 그러나 밀양로컬푸드 홈페이지는 농가를 먼저 소개한다. 사람이 우선이라는 이야기다. 사람과 사람의 소통을 통해 신뢰를 구축하겠다는 전략이다. 아무리 안전한 농산물을 생산한다고 해도 신뢰가 없으면 무의미하다.

유기소농은 독자적인 판매전략이나 판매망을 마련하기가 어렵다. 생산물의 크기와 출하량과 시기가 들쭉날쭉해서 규격화되기 힘들기 때문이다. 다품종 소량생산 형태에다가 날씨 등 자연환경에 의존하기 때문이다. 게다가 농산물의 외형이나 디스플레이 부분은 크게 뒤쳐져 있다. 모든 것을 '상자' 기준에 맞추는 요즘의 농업 관행과 경쟁하면 밀릴 수밖에 없는 구조다.

오늘날 농산물은 생산과 유통 과정에서 식품이 아니라 공산품 취급을 받는다. 자연히 어떻게 기르는가, 맛은 어떤가, 영양분은 충분한가 하는 문제는 뒷전으로 밀려난다. 일단은 크기가 골라야 하고 모양이 예뻐야 한다. 출하시기도 일정하게 정해진다. 소농들로서야 감당할 수 없는 공급체계다.

"대형유통 시스템을 통해 거래되는 농산물은 공산품이나 진배없습니다. 심지어는 납품일정에 맞추기 위해 성장촉진제나 지연제 처리를 하는 경우까지 있습니다."

밀양로컬푸드도 초창기에 한 대형 생협과 거래를 텄는데, 농산물의 규격과 출하량과 일정을 맞추기가 어려워 포기했다. 가령 가지를 납품하는데 15cm 이상, 1000개를 사흘 안에 납품하라고 주문해 온다면 소농들로서는 감당하기 어렵다. 15cm 이하는 모두 반품해야 하고 유기농으로 지어서 벌레가 먹거나 모양이 조악한 농산물을 포기해야 하는데, 그럴 수는 없는 것 아닌가.

'얼굴 있는 농산물'로
신뢰 구축한 로컬푸드

주 씨는 로컬푸드 운동이 우리 농업의
대안이라고 확신한다. 로컬푸드 운동은 지역의 농민들이 길러낸
먹거리를 지역 안에서 소비하자는 운동이다. 생산 농가에서 소
비자의 밥상까지 물리적 이동거리를 줄이는 것은 물론, 소원하
기만한 생산자와 소비자의 관계도 서로를 드러냄으로써 사회적
거리를 좁히자는 것이다. 그럼으로써 생산자는 가격을 소비자는
식품의 안전을 보장받자는 취지다. 익명의 상태에서 얼굴을 드러
낸 생산자와 소비자가 소통하고 관계를 맺음으로 식량의 생산과
소비의 선순환 시스템을 구축한다.

이러한 로컬푸드 운동이야말로 농촌과 도시를 잇는 새로운
공동체의 가능성을 여는 단초라는 게 주 씨의 믿음이다. 로컬푸
드가 성공하기 위해서는 우리 사회 단위 분야별 운동이 유기적
으로 연결되는 게 시급하다고 덧붙인다.

"로컬푸드, 슬로푸드, 도시농업, 식생활개선 등 먹거리와 관련
이 있는 각 단위운동들이 폐쇄성을 벗고 유기적으로 연결될 때
시너지 효과를 나타낼 수 있습니다. 협동정신을 바탕으로 한 유
연한 연대가 시급합니다. 단위운동 주체들이 문을 닫아걸고 자
기들끼리 아무리 해봐도 자본의 논리가 횡행하는 우리 사회에서
변화를 이루기는 어렵습니다. 관련 운동이 서로 힘을 합칠 때 문

제를 해결할 여지가 생기는 겁니다. 가령 로컬푸드가 친환경식품을 공급하고, 슬로푸드는 좋은 음식을 만들고 레시피도 공유할 필요가 있습니다. 우리의 밥상을 변화시키려면 식생활개선운동도 필요하지만 생태농업의 로컬푸드가 기반이 돼야 합니다. 생산농가가 슬로푸드 모임에 흠집 때문에 판매를 못하는 식재료를 가져다 줘 활용할 수도 있잖습니까. 소극적인 영역주의를 넘어서 상호 연대하고 협동하는 자세가 절실히 요청됩니다."

주 씨는 도농 교류 플랫폼을 통해 우리 사회와 농촌을 변화시키고 새로운 생태계로 발전시켜나가는 게 꿈이다. 밀양로컬푸드는 지난봄 정부로부터 관련 사업비 4500만 원을 지원받아 시스템을 개발 중에 있고 10월부터 시범운영에 들어갈 예정이다. '함께 농사짓기 직거래 시스템'은 SNS상에서 유기 소농과 소비자를 직접 연결해준다. 거래되는 농산물은 당연히 지역에서 친환경적으로 생산된다. 철저한 검증 절차를 통해서 믿을 만한 농가를 선정하고, 그들이 생산하는 작물의 정보를 수시로 올린다. 대형 쇼핑몰이나 마트처럼 저장시설 없이 실시간으로 생산자와 소비자가 거래하는 것이다. SNS로 연결된 소비자가 농산물의 정보를 살펴보고 필요한 것을 직접 선택한다.

신선하고 안전한 농작물을 수수료 없이 시중가격으로 사고판다. 중간유통 과정이 없기에 가능한 일이다. 대신 생산자가 판매금액의 10%를 소비자에게 돌려준다. 소비자에게 5%의 마일리지를 적립해주고 나머지 5%는 소비자가 추천하는 공익적 단체에

기부하는 방식이다.

주 씨가 꿈꾸는 궁극적 목표는 농산물의 유통과 함께 농촌과 도시가 교류하는 소통의 장을 여는 것이다. 상품 거래를 넘어서 생산하는 사람과 소비하는 사람이 만나서 문화적으로 교류하는 일이다. 농민과 소비자가 서로의 삶에 대한 이해를 통해서 공감하고 협동할 때 새로운 도농 공동체가 형성될 것이다. 농번기 농가의 일손 요청에 도시 소비자들이 함께 모여서 일손 돕기에 나서는 게 자연스럽게 되는 날을 기대해본다.

주 씨는 지금 도농교류 플랫폼을 통해서 직거래 규모를 늘려가는 것에 열중하고 있지만 장기적으로는 '함께 농사짓기 직거래 시스템'을 공동체지원농업(CSA)으로 발전시켜 나가는 데 착목하고 있다. 소농에게는 농산물이 생산되기 전에 소비자와 수

요공급 계약을 맺어 초기 농사자금을 마련하고, 안전한 농산물을 생산하여 소비자에게 상환하는 주문생산 예약판매 방식이다. 최근 들어 많은 기관에서 직거래 장터를 여는데 처음에는 농산물이 진열되지만 갈수록 가공품 일색으로 변한다. 생산해서 판다는 게 그만큼 어렵다. 생산 전에 수요공급 계약을 맺는 상태로 발전시켜 나가야, 농민이 안정적으로 생산하고 소비자는 안전한 먹거리를 먹을 수 있다.

"CSA는 소농에게 맞춰진 유통체계입니다. 소농은 직거래장터나 직거래매장 시스템과 맞지 않아요. 하우스나 대량생산하는 경우는 제품규격이나 날짜를 맞추지만 소규모의 자연농업은 그게 불가능합니다. 농산품의 크기나 출하날짜 등 규격화하기가 현실적으로 어렵기 때문입니다. 그래서 CSA 직거래 방식이 도입될 필요가 있지요. 주문생산, 예약판매, 예약체험 등이 보편화돼야 합니다. 나아가 농산물이 없는 가게, 가치를 공유

하고 체험하는 가게로 발전시켜나가야 할 겁니다. 그것은 철저하게 농촌 생산자와 도시 소비자의 신뢰관계 위에서 가능한 일이죠."

노인과 장애인이 행복한
공동체 꿈

주 씨는 밀양로컬푸드가 잘 운영되고, 아들 성철이가 한 사람으로 온전하게 자라줬으면 한다. 현재 중 3인 아들에게 도농교류 플랫폼에서 역할을 할 수 있도록 인터넷을 가르치고 있다. 아이가 학교를 졸업하면 생활 공간을 바꿔보는 것도 고려한다. "앞으로 저희 가족이 살 공간이 농촌이 되든지 도시가 되든지 성철이에게 선택의 기회를 주고 싶습니다."

어떻게 해야 자신이 없는 세상에서 장애아이가 행복을 누릴 수 있을까 하는 소박한 소망에서 발전한 그의 고민은 이제 병든 구조, 불통이 되어버린 농촌과 도시, 생산자와 소비자의 관계를 믿음으로 새롭게 구축하는 차원으로 발전해나가고 있다.

"내가 없는 세상에서 장애 자녀가 행복하게 자립해서 살 수 있는가가 장애아 부모의 일반적 고민입니다. 하지만 자기 자식만을 생각하면 답을 찾기 어렵죠. 제빵 수업을 받아 빵집을 만들고 바리스타 교육으로 커피숍을 만들지만 언제까지 유지될지 불안합니다. 혼자서는 안 된다는 것이죠. 함께할 때, 나눔과 순환이 일어날 때, 연대할 때 장애의 극복이 가능합니다."

그는 지역의 복지단체와 협력하여 지역별 콜센터(농산물114)를 구축하여 취약계층의 일자리를 창출하고, 장애아동과 청년, 노인을 2인1조로 근무토록 한다면 나눔과 순환을 실천할 수 있는 복지공동체 구축이 가능할 것이라고 믿는다.

주 대표는 머지않은 장래에 신뢰를 바탕으로 한 공동체를 만드는 꿈에 부풀어 있다. 이를 실현시키기 위해 밀양 하남 일대에 1만 평 정도의 땅도 마련했다. 이곳에서 과수원도 하고 산야초도 키울 것이다. 꿈을 가진 사람들과 함께 행복 공동체를 만들고 싶다. 은퇴한 노인들이 장애아동에게 경험과 지식을 나누어주고 장애아동들이 성장해서 거동이 불편한 노인을 돌보는 나눔과 순환을 통해서 가꿔나갈 상생의 공동체, 농사도 짓고 노인요양센터도 만들고 자기 재능과 개성에 맞춰 일하면서 일궈내는 공동체, 장애인 가족과 노인들이 함께 행복해질 수 있고 도시와 농촌이 서로 믿음으로 연결되는 행복의 공동체가 그의 머릿속에 그려지고 있다.

6월 24일 제철 꾸러미 발송했어요

주진호

이번 꾸러미에는 보기만 해도 침이 꼴깍 넘어가는 자두를 담았습니다. 자두를 담기까지 많은 걱정과 고민이 필요했어요. 꾸러미 보내는 날짜는 다가오는데 계속되는 가뭄으로 자두가 익지 않아서 애가 탔답니다. 직접 만든 천연거름도 듬뿍 주고 물도 꾸준히 주면서 무사히 수확할 수 있었어요. 힘들게 얻은 자두라 그런지 기분 좋게 포장작업을 하였습니다.

이제 장마가 시작되면 상추가 금상추로 바뀝니다. 계속되는 비와 고온으로 상추가 제대로 크지 못하고 녹아내리기 때문이에요. 먹을 수 있을 때 많이 먹어둬야겠죠? 그래서 흑상추도 담았습니다. 갓 수확한 노지 감자도 담았습니다. 수미감자라 쪄서 드셔도 맛있고, 볶음이나 요리에 사용해도 맛있어요.

역시 제철 햇당근도 담았습
니다. 당근은 땅속의 모든 양
분들을 좋은 것이건 나쁜 것
이건 중화학물질이건 모두 빨
아들입니다. 그러므로 독성농
약과 화학비료에 찌든 밭에서
자란 당근은 바로 독극물이 포함돼 있다고 보아야 하므로 우수한 토양에서 키우는 것이 중요합니다. 이 햇당근은 친환경단지 내에서 토양살충

제 등을 뿌리지 않고 키워 건강함이 살아 있어요.

그 외 친환경 새송이버섯과 자연방사 유정란, 곡물 3종을 담아 무사히 발송하였습니다. 다음 달에는 노지에서 한창 자라고 있는 양배추와 브로콜리 등을 보내려고 하는데 장마에도 불구하고 잘 커주었으면 좋겠어요. 그럼 다음 달 꾸러미도 많이 기대해주세요.

- 네이버블로그 마이로컬푸드, 2015. 6. 26

자연 속에서
아이들과 함께 배우다

김해 한림 김철희

김철희·배인숙 씨 부부가 운영하는 '김해생태체험학교 참빛'을 찾은 건 무더위가 기승을 부리기 시작하던 7월 중순 무렵이었다. 부산김해경전철 장신대역에서 내려서 부영6차아파트 앞에서 56번 버스를 탔다. 차창으로 근교 풍경이 스쳐 지난다. 짙푸른 손짓을 하는 가로수길 언저리에 마을들과 공장들, 널찍한 김해평야가 따가운 햇살 아래 눈부셨다. 화포천 습지 위로 백로떼가 한가로이 날갯짓을 펄럭였다. 얼마 뒤 가산마을 초입의 정류장에 버스가 멎었다. 민가는 보이지 않고 몇몇 공장 건물들만 생경한 모습으로 다가온다. 횡단보도를 건너 마을 진입로에 들어서자 체험학교가 나왔다.

김해시 한림면 가동로 103번길. 김 씨 부부의 노고가 밴 땀의 결정체 생태체험 공간 '참빛'. 부산경남 일대에서 알찬 프로그램과 쾌적한 학습 환경으로 잘 알려져 있다. 교문 주변 화단에는 여름 꽃들이 뙤약볕 아래 풀이 죽어 있었다. 운동장엔 한낮의 고요가 길게 내려앉았다. 운동장 맞은편 느티나무의 짙은 그늘이 무더위로부터 숨통을 틔우고 있었다. 학교 건물을 리모델링한 체험학교 본관 입구로 들어섰다. 기척이 없어 전화를 했다. 김 씨는 교내에 있다면서 잠시 기다리라 했다.

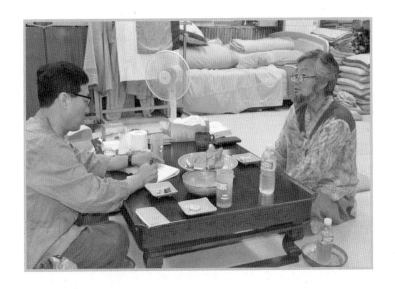

    기다리는 사이 체험관 교실들을 둘러봤다. 도자기체험실, 염색공방, 전통공예교실 등이 자리를 차지하고, 복도에는 초벌구이한 도자기나 자연물로 만든 각종 동물 모형들이 전시돼 있다. 기다란 수족관에는 민물고기들이 노닐고. 운동장으로 눈을 돌리니 아름드리 느티나무 앞에 부들이 빼곡한 연못이 있었고, 아이들의 놀잇감으로 짐작되는 흙무더기가 보였다. 운동장 가장자리에는 텃밭과 계사도 자리 잡고 있었다.

    김 씨가 환한 미소로 수인사를 청한다. 흰 턱수염과 구레나룻이 풍성하다. 동안으로 나이보다 훨씬 젊어 보인다. 뒤이어 그의 부인도 어린 손자를 안고 나타났다. 염색한 제품을 전시한 교실 한쪽에 자리 잡고 앉았다. 배 씨가 효소차와 수박을 내왔다.

생태학교 열면서
자격증만 수십 가지

김 씨 부부가 김해시로부터 위탁받아 운영하는 참빛학교는 청소년을 대상으로 생태체험 프로그램을 운영한다. 천연염색, 원예체험, 전통공예, 전통발효음식 등을 체험하거나 배울 수 있다. 이 밖에도 도자기체험, 한지 뜨기, 자연물 모형 만들기 등 다양한 프로그램이 진행된다. 또 방과후학교나 돌봄교실, 진로체험 등 학교 현장을 찾아 프로그램을 진행하기도 한다. 방학 때는 동아리활동, 기업체연수, 학부모연수, 외국인연수체험도 열린다. 김 씨는 염색체험, 배 씨는 원예체험을 중심으로 부부가 대부분의 프로그램을 소화한다. 특별한 프로그램의 경우 외부 전문가를 초빙해 진행한다. 또 학교 인근의 1000평 정도 텃밭을 마련해 가족단위로 분양하고 가을이면 팜파티도 연다.

이들 부부는 2009년 학교를 열고 나서부터 해마다 새로운 프로그램을 내놨다. 제대로 된 체험학습을 위해서 끊임없이 공부를 했다. 부부가 가진 자격증만도 30개가 넘는다. 천연염색기능사, 자연환경해설사, 청소년심리상담사, 미술심리상담사, 다문화가족상담사, 원예치료사, 전통장류사, 아동요리지도사, 전래놀이지도사, 도형상담사, 여가교육지도사, 레크레이션치료사, 텃밭지도사, 문화지도사, 방과후아동지도사, 보육교사, 사회복지사 등 다 열거하는 데 지면이 모자랄 정도다. 이러한 성과를 바탕으로 참빛학교는 정부기관의 인증프로그램도 여럿 운영한다. 여성가족부청소년활동인증, 환경부환경교육프로그램인증, 농촌진흥청지

정농촌교육장, 교육부꿈길진로체험처, 교육부크레존창의체험자
원등록 등을 꼽을 수 있다.

'자연 속 다양한 체험 프로그램으로 건강한 정신 만들기'가 참
빛학교 교육의 목표이다. 학습에 치중한 경쟁 위주의 공부, 정글
같은 교실에서 벗어나 잠시나마 자연 속에 방목돼 스스로를 발
견하고 치유할 수 있는 공간, 숨구멍 같은 존재가 참빛학교다.

김 씨 부부는 젊어서부터 귀농의 꿈을 키웠다. 농촌에 사는 꿈
을 실현하기 위해 택한 것이 염색. 힘든 농사일보다 접근이 쉽고
어느 정도 수입도 얻을 수 있다는 판단이 들어서다. 특히 김 씨가
20년간 화학회사에 다니면서 염색에 대한 메커니즘을 이해하고
있었다는 점도 작용했다.

"평소에 천연염색에 대한 관심이 많았습니다. 브라운관이나
전자제품에 사용되는 특수도료를 생산하는 회사에서 일하면서
색감에 대한 관심이 컸어요. 인공적 색감을 다루면서도 천연의
색감은 과연 어떨까, 자연의 색깔을 재현하는 데 관심이 쏠렸지
요. 천연염색으로 얻을 수 있는 다양한 색감을 상상하게 됐습니
다. 그때부터 본격적으로 관련 서적을 뒤져보기 시작했고, 천연
염색의 길로 들어선 것이지요."

그는 처음엔 천연염색과 황칠 두 가지를 놓고 저울질했다. 당
시는 황칠이나 황칠나무에 대해 아는 사람이 드물 때였다. 그는
고민 끝에 천연염색을 택했다. 귀농해 농사지으면서도 할 수 있
겠다는 생각이 먼저 들었다. 또 농사나 자연부산물을 쉽게 활용

할 수 있다는 점도 고려했다. 그는 염색을 하겠다고 마음먹은 뒤부터 전국의 염색가와 염색공방을 찾아다녔다. 남해의 염색 장인부터 시작해 전라도의 쪽염색 하는 이, 구례의 황토염색 하는 사람, 이름이 알려졌다 하는 이들은 다 찾아가 배웠다. 그렇게 3, 4년을 전국을 돌면서 천연염색계의 실력자들을 만나 실천을 익혔다. 체계적으로 이론 공부도 해야겠다는 생각이 들었다. 마침 부산대 평생교육원에서 천연염색 강좌를 개설했다. 자격증도 준다고 해서 그 과정을 들으면서 염색의 이론적 틀을 구축했다.

"요즘도 천연염색의 정보를 얻기 위한 교류를 게을리하지 않습니다. 지난주에는 창녕의 한 공방을 찾아갔고, 며칠 전에는 강원도 양구에서 염색하는 분이 저희 학교로 찾아오기도 했습니다. 딸애가 일본에 있는데, 그 아이를 통해서 일본의 천연염색 정보도 접하고 있습니다."

천연염색에 매료돼
마흔일곱에 사직서

김 씨가 배운 천염염색 기능이 귀농하기 전부터 빛을 발했다. 귀농을 앞두고 오랫동안 살던 안락동 주택에서 연산동의 한 아파트로 옮겼는데 거기에서 염색을 시도했다. 염색으로 적지만 수입이 생기고 반응도 좋자 자신감이 생겼다. 아파트 생활도 체질에 맞지 않고 염색에 대한 자신감도 붙고 해서 귀농을 단행했다.

2000년, 그의 나이 마흔일곱 살로 한참 직장에서 일할 때였다. 그의 첫 귀농지는 김해 진례였다. 그의 귀농에는 부인 배 씨의 역할이 컸다. 그는 늘 귀농을 노래했지만, 막상 귀농하려니 앞날이 두렵고 갑갑했다. 그때 부인이 적극적으로 그의 귀농을 밀어붙였던 것이다. 배 씨가 당시 상황을 설명했다.

"20년 동안 가족을 위해 일했으면 됐다고 생각했어요. 몸만 회사에 있지 마음은 이미 천연염색에 빠져 있는 남편이 좌고우면하는 게 안쓰러웠어요. 그래서 이제는 당신 하고 싶은 일, 당신이 행복해질 수 있는 당신의 일을 하라고 등을 떼밀었지요."

당장 가장이 직장을 그만두고 귀농을 하는 것은 모험이었다. 게다가 아이들 문제까지 걸려 있었다. 큰딸은 당시 대학에 다녔지만 둘째인 아들은 한창 부모가 뒷바라지해줘야 하는 고1이었다. 결국 부인 배 씨가 두 집 살림을 해야 했다. 아이들 뒷바라지하느라 부산과 진례를 하루가 멀다고 왔다 갔다 했다.

김 씨 부부는 진례에 구한 땅 1000평에 여러 가지 작물을 심고, 천연염색도 본격적으로 시작했다. 주말이면 가족 단위나 계모임 주부들을 대상으로 염색체험교실도 열었다. 일은 고됐지만 직장의 틀에 꽉 짜여 살던 도시 생활에서 해방됐다는 것만으로도 행복했다. 염색한 각종 제품들도 알음알음으로 팔려나갔다. 체험교실도 입소문으로 알려지면서 수강생들이 늘어났다.

이렇게 터를 잡고 안정돼갈 무렵 마른하늘에 날벼락 같은 소문이 돌았다. 그가 자리 잡은 진례 일대에 골프장이 들어선다는 것이었다. 수용돼 보상을 받을 때까지 기다릴 수 없었다. 원래 땅 주인에게 샀던 값만 받고 되팔았다. 새롭게 찾은 곳이 김해 생림면 무척산 기슭이다. 3년 새 땅값이 많이 올라 있었다. 진례 땅 1000평 판 돈으로 무척산 기슭에 320평을 구했다. 집을 짓고 들어간 게 2003년 12월이다.

무척산 기슭에 둥지를 틀고 '참빛천연염색'이란 간판도 내걸었다. 귀농학교의 체험학습장 역할을 했다. 많을 때는 수강생들이 100명이나 몰려왔다. 뒷산에 올라가 그들이 염색하는 모습을 보면 마당에 검은 머리가 가득했다고 한다.

김 씨 부부는 천연염색을 한 제품을 본격적으로 시장에 내놓았다. 옷도 직접 만들었다. 김 씨는 귀농 전에 이미 염색만으로는 부가가치가 낮다고 생각해 서면에 있는 복장학원에서 바느질도 배웠다. 처음에는 직접 옷을 재단해 만들고 염색을 했다. 그러다가 염색 물량이 많아지면서 옷 만들기는 전문가에게 맡겼다.

그들이 내놓은 천연염색 제품은 '차별화된 색감'으로 각광을 받았다. 화학 쪽 노하우를 천연에 응용한 게 적중했다. 그들은 의복·침구류 등 천연염색한 의류제품을 내놓았다. 입소문을 타고 판매가 늘어났고, 대형 할인매장에도 진출했다.

"당시 홈플러스 김해점이 생겼는데, 우리에게 전시판매 제안을 하더라고요. 반응이 좋았습니다. 매장 측에서 저희한테 파격적 조건으로 입점 코드를 주더군요. 영세한 업체가 들어와서 외형을 일으키자 전국적으로 깔아보자고 하더군요. 단번에 거절했지요. 우리가 생각하던 농촌 생활과 거리가 먼 일은 시작하고 싶지 않았지요. 매장 측이 그러면 몇 곳만이라도 열자고 부탁해서 부산과 창원점에도 저희 참빛천연염색이 진출해 물건을 내놨습니다."

김 씨의 천연염색이 알려지면서 방송사에서도 찾아왔다. '6시 내 고향'이란 프로그램에 그들이 귀농해 염색을 하면서 살아가는 모습이 전국적으로 방영됐다. 그걸 보고 강원도 속초시 관계자들이 찾아왔다. 당시 속초는 관광 사업으로 몇 가지를 시도하다가 실패하고 천연염색 붐이 일어나자 그들 부부를 찾은 것이었다. 속초시 요청으로 속초까지 가서 천연염색 강의를 했는데 반응이 좋았다.

"속초시는 저희에게 파격적 조건을 제시했어요. 집과 작업장을 제공해주고 저희 부부에게 적잖은 보수를 주는 조건이었습니다. 뿐만 아니라 제품 판매에 따른 인센티브까지 제안했죠. 하지만 당시 저희는 94세 된 어른을 모시고 있었습니다. 춥고 낯선 곳으로 모셔 갈 수가 없었죠."

그러던 차에 김해시가 그들에게 손을 내밀었다. 폐교된 가산

분교 건물을 체험관으로 운영하기로 하고 적임자를 물색하던 중 김 씨 부부를 찾아낸 것이다. 여러 가지 상황으로 볼 때 속초로 가는 것보다는 이곳에서 활동하는 게 낫다는 생각이 들었고, 체험학교를 맡아 운영하기로 했다.

염색으로 번 돈
학교에 쏟아 부어

천연염색만으로는 부족하다는 판단이 들어 농촌 특성을 고려해 생태체험학교의 콘셉트를 짰다. 그렇게 만든 게 지금의 참빛학교다. 그들은 학교를 궤도에 올리기 위해 열정을 다해 일했다.

"귀농한 뒤에 염색으로 돈을 꽤 벌었는데, 학교에 쏟아부었지요. 시설 개조와 프로그램 개발 등에 자금이 투입되면서 통장의 잔고는 갈수록 줄어들었습니다. 학교의 근간을 갖추는 데 몰두하느라 염색 작업도 뒷전으로 밀려났죠. 학교 시설을 마련하고 홍보하고 사람들 모으는 일에 쉴 틈조차 없었습니다. 홈플러스 사업에 소홀해지고 자연스럽게 정리가 되었죠. 우리가 철수한 뒤 대형 할인매장을 중심으로 천연염색 붐이 일기 시작했습니다."

그들의 헌신과 열정으로 참빛학교는 해마다 발전을 거듭했다. 지난 6년간 프로그램이 확충되고 찾는 이들도 크게 늘었다. 지금은 한 해에 이곳을 찾는 학생들이 8000여 명에 이른다. 5월과 6월, 9월과 10월엔 학교 단위로 몰려온다. 유치원에서 중고생까지,

장애인과 노인들, 다문화가족들도 찾는다. 눈코 뜰 새 없이 바빴다. 하지만 작년과 올해는 세월호와 메르스 사태로 소강 상태다.

지난해에는 외국계 회사에 근무하던 아들을 불러들였다. 학교 일 좀 도와달라고 요청했고, 아들은 부모의 뜻을 거역하지 못하고 이곳으로 옮겨 왔다. 아들이 온 뒤에 홈페이지와 홍보 체계도 전면적으로 손보고 새로운 프로그램을 개발하는 등 사업도 크게 늘렸다. 아들의 노력으로 정부 공모사업을 따내고 국가인증 프로그램도 잇달아 개설했다.

"여러 가지 어려운 상황이 있긴 하지만 아들과 함께하는 일이라 보람이 더 있습니다. 60을 넘겨서도 이런 일을 할 수 있다는 게 얼마나 행복한가 하고 생각합니다. 앞으로 3년 정도는 더 일해야지요."

하지만 학교 일이 순탄하지만은 않다. 체험학교를 위탁한 김해시가 재정 상태를 이유로 올해부터 자력갱생을 요청해왔다. 그래서 지난 6월부터 운영비 지원이 끊겼고 김 씨가 자체적으로 모든 걸 해결해야 한다. 한 달에 500만 원 정도 운영비가 들어가는데 다달이 해결하느라 고민이 크다. 프로그램 수입만으로는 턱없이 부족하다. 그래서 천연염색 제품을 판매하는 족족 수익금 전액을 학교 운영비로 넣는다.

자연 속 방목할 때
감성, 인성은 저절로

참빛학교를 찾는 아이들은 교정에 들어서자마자 신명 나 한다. 얼굴에 웃음이 돌고 온몸에 활기가 솟아나는 것을 볼 수 있다. 김 씨 부부의 교육 중점은 아이들을 자연에 방목하는 데 있다. 그를 통해서 아이들의 감성과 인성을 키울 수 있다는 것이다. 요즘 도시 아이들은 자연을 경험하지 못한다. 시멘트 우리에 갇힌 가축처럼 사육당하듯 키워진다. 유치원부터 경쟁으로 내몰려 학원을 전전해야 한다. 인성도 감성도 창의력도 키울 수 있는 조건이 안 된다. 잿빛 도시에서 친구들과 제대로 놀 줄 모르는 아이들에게 어떻게 생태적 감성이나 창의성이 나올 수 있겠는가.

"젊은 어머니가 애를 데리고 오는 경우 아이들이 자연에서 맘껏 노는 것을 방해하는 걸 종종 봅니다. 아이는 흙놀이를 하고 싶은데, 엄마는 옷 버릴까 봐 못하게 합니다. 저는 부모들에게 부탁합니다. 아이들이 흙을 만지고 흙에서 뒹굴어볼 때 흙의 촉감을 알게 되고 피폐한 교육환경에 짓눌려온 감성을 회복할 수 있다고 이야기합니다."

김 씨 부부는 요즘 아이들을 위해 또 하나의 새로운 프로그램을 준비하고 있다. 그가 집중하고 있는 것은 '천연 장난감'. 나무로 만든 장난감이 아이들의 감성과 인성을 회복하는 데 큰 도움이 될 것이라고 한다. 외부 전문가와 프로그램을 공동으로 개발 중인데, 지난해 일본으로 견학도 다녀왔다.

"도쿄 장난감 박물관을 견학하고 왔습니다. 그곳 역시 폐교를 리모델링해서 사용하고 있었어요. 나무로 된 옛날 장난감도 전시하고 다양한 장난감으로 맘껏 놀 수 있게 해놓았습디다. 장난감을 팔기도 하고요. 저희 학교도 나무 장난감 프로그램으로 정부로부터 인증을 받았습니다."

일본의 경우 유치원에서 아이들을 흙바닥에 내놓고 겨울에도 양말을 신기지 않는다. 부모의 입장에서 옷 버리고 병이나 옮지 않을까 엉뚱한 걱정을 하는 우리와 비교가 된다. 닭처럼 케이지 안에 갇힌 채 키워지는 우리 아이들이 불쌍할 뿐이다.

재정문제가 숙제, 학교 운영방법 고민

체험학교는 김해시 관광투어 코스이기도 하다. 매주 토요일 김해를 찾은 관광객을 실은 버스가 이곳 학교로 들어온다. 다양한 생태 프로그램을 체험해보기 위해서다. 일반인이나 외국인까지 상대하는 만큼 프로그램 질도 높아야 하고 운영도 까다롭다. 교육청에서 수시로 나와서 관리 상태를 점검한다.

김 씨는 요즘 들어 학교운영 방법에 대해 많은 고민을 하고 새로운 길을 모색하고 있다. 생태학교의 취지를 가장 우선시해 운영하고 있지만 현실적으로 어렵다. 재정문제를 속 시원하게 해결하지 못하니 장차 어떻게 해야 할지 걱정스럽다. 일에 대한 보람은 있지만 수입이 따라주지 않으니 더 이상 끌고 나가기 어렵다. 그래서 김 씨는 학교의 취지를 충분히 인식하고 있는 이가 물려받았으면 좋겠다는 생각이 든다고 한다. 그게 안 된다면 마을기업의 형태로 운영하는 것도 한 방법이라고 생각한다.

"궁극적으로 지역사회에 시설을 되돌려주고 자연스럽게 은퇴하면 좋겠습니다. 원래 주인이 마을 사람들 아닙니까. 마을 분들을 참여시켜 재정에 도움이 될 사업도 구상해보고자 합니다. 학교를 찾는 이들을 염두에 두고 지역 농산물을 판매하는 코너를 만들어보는 것도 주민들과 의논해보려고 합니다."

솔직히 개인사업자이기 때문에 불이익을 당하는 경우가 많다고 한다. 공익적 기능에도 불구하고 여러 가지 제약 요인이 있다는 거다. 지난겨울에 교원연수 신청에 응모했는데 비영리단체가 아니라고 탈락했다.

비영리단체에만 국가사업을 지원하는 건 따져봐야 할 문제다. 대기업에 대한 규제까지 풀면서 공익적 기능을 하는 체험학교가 단지 개인사업자란 이유로 규제하는 것은 납득이 되지 않는다. 열심히 일해 세금까지 냈더니 국가는 그것으로 공짜 체험사업에

돈을 쓰고 있다며 그는 불만을 드러냈다. 지원은 못 해줄망정 훼방 놓으면서 생색내는 꼴이라니, 한심한 생각이 들었다.

"공익성이나 전문성으로 따져야지 단체의 성격으로 국가사업을 배정하는 것은 이치에 맞지 않습니다. 비영리단체의 경우 강사와 프로그램을 급조하는 경우도 많아요. 프로그램의 전문성도 떨어지고 전시성에 그치는 경우도 왕왕 있습니다." 그는 에둘러 정부 지원정책의 문제점을 지적했다.

참빛학교가 개인사업체가 아니라 지역사회에 공익적 역할을 하는 공간으로서의 위상을 정립하는 게 그의 남은 꿈이자 숙제다. 그는 이런 문제들을 '정년 65세'까지 다 해결했으면 한다.

"염색이든 체험학교든 자연에서 여유 있게 꾸리고 싶었습니다. 그게 현실적으로 안 되니 답답해요. 호랑이 등에 타고 있는 것 같습니다. 맞지 않은 옷을 입고 있는 것 같기도 하고요. 이래저래 고민이 많습니다. 제 노력이 부족한 건 아닌지, 스스로를 채찍질해봅니다."

정말이지 그는 체험학교 일을 주민들에게 넘기고 좀 더 깊은 곳으로 들어가 자연과 더불어 살고 싶다고 한다. 그러면서 최근의 귀농 러시를 보면서 조언 한마디를 잊지 않는다.

"좋아서 하는 귀농이 현실 도피가 돼서는 안 됩니다. 사회에서 낙오되어 귀농하는 모양새는 안 갖춰야 한다는 말입니다. 귀농을 위한 충분한 준비가 필요합니다. 완벽한 준비를 했다는데도 실패할 확률이 적지 않은 게 귀농입니다. 별 준비도 없이 생각만으로 무턱대고 들어가는 것은 가족들까지 피해를 줄 수 있습니다. 구체적으로 어떤 작물을 할 것인지, 어떻게 재배할 것인지에 대해서도 깊이 생각해야 합니다. 자기가 잘할 수 있는 것을 선택해 집중적으로 공부하고 준비할 필요가 있습니다."